Découvrez le potentiel de votre jour de naissance

Aide, défis, influences mensuelles et annuelles

Jean Marc Vignolo

D1678015

Du même auteur

Numérologie Chakras Lithothérapie
Comment gérer son stress, comment vivre le moment présent.
Le maître nombre 11, Quel 11 êtes-vous ?
Les dettes karmiques, traité de numérologie karmique.
Le guide pratique des tables d'interprétation numérologique.
S'initier et se perfectionner en numérologie
Les énergies inter-nombre.
Le jour de naissance.
Votre chemin de vie.
Le guide pratique des méthodes de numérologie
Vos années personnelles.

Dépôt légal : octobre 2020
ISBN : 9798553832285
Copyright 2020 : Jean Marc Vignolo
www.numerologueconseils.com

Sommaire

- Ce qu'il est conseillé de faire
- Ce qui n'est pas conseillé de faire
- Les relations sentimentales
- Vos influences mensuelles
- Vos influences annuelles
- Votre mois de naissance

- **Le jour de naissance 3**
  - L'interprétation détaillée de votre jour de naissance
  - Le défi de votre jour de naissance
  - Le cadeau de votre jour de naissance
  - Ce qu'il est conseillé de faire
  - Ce qui n'est pas conseillé de faire
  - Les relations sentimentales
  - Vos influences mensuelles
  - Vos influences annuelles
  - Votre mois de naissance

- **Le jour de naissance 4**
  - L'interprétation détaillée de votre jour de naissance
  - Le défi de votre jour de naissance
  - Le cadeau de votre jour de naissance
  - Ce qu'il est conseillé de faire
  - Ce qui n'est pas conseillé de faire
  - Les relations sentimentales

- Vos influences mensuelles
- Vos influences annuelles
- Votre mois de naissance

- **Le jour de naissance 5**
    - L'interprétation détaillée de votre jour de naissance
    - Le défi de votre jour de naissance
    - Le cadeau de votre jour de naissance
    - Ce qu'il est conseillé de faire
    - Ce qui n'est pas conseillé de faire
    - Les relations sentimentales
    - Vos influences mensuelles
    - Vos influences annuelles
    - Votre mois de naissance

- **Le jour de naissance 6**
    - L'interprétation détaillée de votre jour de naissance
    - Le défi de votre jour de naissance
    - Le cadeau de votre jour de naissance
    - Ce qu'il est conseillé de faire
    - Ce qui n'est pas conseillé de faire
    - Les relations sentimentales
    - Vos influences mensuelles
    - Vos influences annuelles
    - Votre mois de naissance

- **Le jour de naissance 7**
  - L'interprétation détaillée de votre jour de naissance
  - Le défi de votre jour de naissance
  - Le cadeau de votre jour de naissance
  - Ce qu'il est conseillé de faire
  - Ce qui n'est pas conseillé de faire
  - Les relations sentimentales
  - Vos influences mensuelles
  - Vos influences annuelles
  - Votre mois de naissance

- **Le jour de naissance 8**
  - L'interprétation détaillée de votre jour de naissance
  - Le défi de votre jour de naissance
  - Le cadeau de votre jour de naissance
  - Ce qu'il est conseillé de faire
  - Ce qui n'est pas conseillé de faire
  - Les relations sentimentales
  - Vos influences mensuelles
  - Vos influences annuelles
  - Votre mois de naissance

- **Le jour de naissance 9**
  - L'interprétation détaillée de votre jour de naissance
  - Le défi de votre jour de naissance
  - Le cadeau de votre jour de naissance
  - Ce qu'il est conseillé de faire
  - Ce qui n'est pas conseillé de faire
  - Les relations sentimentales
  - Vos influences mensuelles
  - Vos influences annuelles
  - Votre mois de naissance

- **Le jour de naissance 10**
  - L'interprétation détaillée de votre jour de naissance
  - Le défi de votre jour de naissance
  - Le cadeau de votre jour de naissance
  - Ce qu'il est conseillé de faire
  - Ce qui n'est pas conseillé de faire
  - Les relations sentimentales
  - Vos influences mensuelles
  - Vos influences annuelles
  - Votre mois de naissance

- **Le jour de naissance 11**
  - L'interprétation détaillée de votre jour de naissance
  - Le défi de votre jour de naissance
  - Le cadeau de votre jour de naissance
  - Ce qu'il est conseillé de faire
  - Ce qui n'est pas conseillé de faire
  - Les relations sentimentales
  - Vos influences mensuelles
  - Vos influences annuelles
  - Votre mois de naissance

- **Le jour de naissance 12**
  - L'interprétation détaillée de votre jour de naissance
  - Le défi de votre jour de naissance
  - Le cadeau de votre jour de naissance
  - Ce qu'il est conseillé de faire
  - Ce qui n'est pas conseillé de faire
  - Les relations sentimentales
  - Vos influences mensuelles
  - Vos influences annuelles
  - Votre mois de naissance

- **Le jour de naissance 13**
  - L'interprétation détaillée de votre jour de naissance

- Le défi de votre jour de naissance
- Le cadeau de votre jour de naissance
- Ce qu'il est conseillé de faire
- Ce qui n'est pas conseillé de faire
- Les relations sentimentales
- Vos influences mensuelles
- Vos influences annuelles
- Votre mois de naissance

- **Le jour de naissance 14**
  - L'interprétation détaillée de votre jour de naissance
  - Le défi de votre jour de naissance
  - Le cadeau de votre jour de naissance
  - Ce qu'il est conseillé de faire
  - Ce qui n'est pas conseillé de faire
  - Les relations sentimentales
  - Vos influences mensuelles
  - Vos influences annuelles
  - Votre mois de naissance

- **Le jour de naissance 15**
  - L'interprétation détaillée de votre jour de naissance
  - Le défi de votre jour de naissance
  - Le cadeau de votre jour de naissance
  - Ce qu'il est conseillé de faire

- Ce qui n'est pas conseillé de faire
- Les relations sentimentales
- Vos influences mensuelles
- Vos influences annuelles
- Votre mois de naissance

- **Le jour de naissance 16**
    - L'interprétation détaillée de votre jour de naissance
    - Le défi de votre jour de naissance
    - Le cadeau de votre jour de naissance
    - Ce qu'il est conseillé de faire
    - Ce qui n'est pas conseillé de faire
    - Les relations sentimentales
    - Vos influences mensuelles
    - Vos influences annuelles
    - Votre mois de naissance

- **Le jour de naissance 17**
    - L'interprétation détaillée de votre jour de naissance
    - Le défi de votre jour de naissance
    - Le cadeau de votre jour de naissance
    - Ce qu'il est conseillé de faire
    - Ce qui n'est pas conseillé de faire
    - Les relations sentimentales
    - Vos influences mensuelles

- Vos influences annuelles
- Votre mois de naissance

- **Le jour de naissance 18**
  - L'interprétation détaillée de votre jour de naissance
  - Le défi de votre jour de naissance
  - Le cadeau de votre jour de naissance
  - Ce qu'il est conseillé de faire
  - Ce qui n'est pas conseillé de faire
  - Les relations sentimentales
  - Vos influences mensuelles
  - Vos influences annuelles
  - Votre mois de naissance

- **Le jour de naissance 19**
  - L'interprétation détaillée de votre jour de naissance
  - Le défi de votre jour de naissance
  - Le cadeau de votre jour de naissance
  - Ce qu'il est conseillé de faire
  - Ce qui n'est pas conseillé de faire
  - Les relations sentimentales
  - Vos influences mensuelles
  - Vos influences annuelles
  - Votre mois de naissance

- **Le jour de naissance 20**
  - L'interprétation détaillée de votre jour de naissance
  - Le défi de votre jour de naissance
  - Le cadeau de votre jour de naissance
  - Ce qu'il est conseillé de faire
  - Ce qui n'est pas conseillé de faire
  - Les relations sentimentales
  - Vos influences mensuelles
  - Vos influences annuelles
  - Votre mois de naissance

- **Le jour de naissance 21**
  - L'interprétation détaillée de votre jour de naissance
  - Le défi de votre jour de naissance
  - Le cadeau de votre jour de naissance
  - Ce qu'il est conseillé de faire
  - Ce qui n'est pas conseillé de faire
  - Les relations sentimentales
  - Vos influences mensuelles
  - Vos influences annuelles
  - Votre mois de naissance

- **Le jour de naissance 22**
  - L'interprétation détaillée de votre jour de naissance
  - Le défi de votre jour de naissance
  - Le cadeau de votre jour de naissance
  - Ce qu'il est conseillé de faire
  - Ce qui n'est pas conseillé de faire
  - Les relations sentimentales
  - Vos influences mensuelles
  - Vos influences annuelles
  - Votre mois de naissance

- **Le jour de naissance 23**
  - L'interprétation détaillée de votre jour de naissance
  - Le défi de votre jour de naissance
  - Le cadeau de votre jour de naissance
  - Ce qu'il est conseillé de faire
  - Ce qui n'est pas conseillé de faire
  - Les relations sentimentales
  - Vos influences mensuelles
  - Vos influences annuelles
  - Votre mois de naissance

- **Le jour de naissance 24**
  - L'interprétation détaillée de votre jour de naissance
  - Le défi de votre jour de naissance
  - Le cadeau de votre jour de naissance
  - Ce qu'il est conseillé de faire
  - Ce qui n'est pas conseillé de faire
  - Les relations sentimentales
  - Vos influences mensuelles
  - Vos influences annuelles
  - Votre mois de naissance

- **Le jour de naissance 25**
  - L'interprétation détaillée de votre jour de naissance
  - Le défi de votre jour de naissance
  - Le cadeau de votre jour de naissance
  - Ce qu'il est conseillé de faire
  - Ce qui n'est pas conseillé de faire
  - Les relations sentimentales
  - Vos influences mensuelles
  - Vos influences annuelles
  - Votre mois de naissance

- **Le jour de naissance 26**
  - L'interprétation détaillée de votre jour de naissance
  - Le défi de votre jour de naissance
  - Le cadeau de votre jour de naissance
  - Ce qu'il est conseillé de faire
  - Ce qui n'est pas conseillé de faire
  - Les relations sentimentales
  - Vos influences mensuelles
  - Vos influences annuelles
  - Votre mois de naissance

- **Le jour de naissance 27**
  - L'interprétation détaillée de votre jour de naissance
  - Le défi de votre jour de naissance
  - Le cadeau de votre jour de naissance
  - Ce qu'il est conseillé de faire
  - Ce qui n'est pas conseillé de faire
  - Les relations sentimentales
  - Vos influences mensuelles
  - Vos influences annuelles
  - Votre mois de naissance

- **Le jour de naissance 28**
  - L'interprétation détaillée de votre jour de naissance
  - Le défi de votre jour de naissance
  - Le cadeau de votre jour de naissance
  - Ce qu'il est conseillé de faire
  - Ce qui n'est pas conseillé de faire
  - Les relations sentimentales
  - Vos influences mensuelles
  - Vos influences annuelles
  - Votre mois de naissance

- **Le jour de naissance 29**
  - L'interprétation détaillée de votre jour de naissance
  - Le défi de votre jour de naissance
  - Le cadeau de votre jour de naissance
  - Ce qu'il est conseillé de faire
  - Ce qui n'est pas conseillé de faire
  - Les relations sentimentales
  - Vos influences mensuelles
  - Vos influences annuelles
  - Votre mois de naissance

- **Le jour de naissance 30**
  - L'interprétation détaillée de votre jour de naissance
  - Le défi de votre jour de naissance
  - Le cadeau de votre jour de naissance
  - Ce qu'il est conseillé de faire
  - Ce qui n'est pas conseillé de faire
  - Les relations sentimentales
  - Vos influences mensuelles
  - Vos influences annuelles
  - Votre mois de naissance

- **Le jour de naissance 31**
  - L'interprétation détaillée de votre jour de naissance
  - Le défi de votre jour de naissance
  - Le cadeau de votre jour de naissance
  - Ce qu'il est conseillé de faire
  - Ce qui n'est pas conseillé de faire
  - Les relations sentimentales
  - Vos influences mensuelles
  - Vos influences annuelles
  - Votre mois de naissance

Introduction au livre

Le jour de naissance est le point de départ, le commencement de la vie d'un individu, le point de départ de votre vie, d'une vie avec tout ce que cela implique. Le jour de naissance est une vibration énergétique très importante, car elle est porteuse d'un grand potentiel de réalisation personnelle.

Elle représente un des fondements de la personnalité, elle permet de connaitre certaines potentialités d'un individu, qualités, capacités, faiblesses, etc...

Cette vibration nous suivra tout au long d'une vie d'homme, en nous permettant d'utiliser ce potentiel mis à notre disposition, pour pouvoir se réaliser du mieux que l'on pourra.

A chaque anniversaire, nous retrouvons cette vibration, avec à chaque fois un acquis d'expérience personnelle, c'est aussi un point de repère temporel, une balise qui permet de se repérer ou de se resituer par rapport à la vie de chacun.

C'est aussi une des bases de notre destinée, car en relation étroite avec le chemin de vie.

Dans mon livre, je vous propose de détailler les 31 jours de naissance, et vous y trouverez non seulement le détail de votre jour de naissance, mais aussi la relation qu'il peut y avoir avec d'autres jours de naissance ayant des caractéristiques complémentaires, ceci n'étant valable qu'à partir du jour de naissance 10.

En effet et pour exemple, un jour de naissance 10 est aussi en relation avec un jour de naissance 1, et un jour de naissance 27 sera en relation avec un jour de naissance, 2, 7, 9 et 20. Au-delà de ça, j'ai ajouté à chaque jour de naissance, les influences mensuelles et annuelles, ce qu'il est conseillé et n'est pas conseillé de faire. J'ai aussi ajouté le domaine sentimental, pour chaque jour de naissance, ainsi que les leçons qui s'y rapportent. En fin de livre, vous trouverez, le descriptif des leçons de vie et celui des douze mois de l'année qui viennent compléter les jours de naissance.

Toutes les interprétations de ce livre, sont précises et détaillées, et correspondent à ce que dégage chaque jour de naissance au niveau du potentiel personnel, il se peut que certaines personnes ne s'y retrouvent pas forcément ou du moins pas totalement.

C'est tout à fait normal, car le jour de naissance n'est qu'une partie de la personnalité d'in individu, une partie importante, qui pourrait être parfois en contradiction avec ce que vous êtes dans votre personnalité complète, il peut y avoir donc des antagonismes, mais le jour de naissance vous apporte en réalité toujours des énergies personnelles complémentaires et non pas contradictoires. D'autres personnes par contre s'y retrouverons totalement, car plus en accord avec ce qu'ils sont fondamentalement, étant donné que l'ensemble des énergies qui constituent leur personnalité seront similaires au jour de naissance. Il faut donc toujours avoir à l'esprit que chaque personne est unique, et que chaque personnalité et caractère apportent d'autres types de vibrations. Il est donc nécessaire de nuancer chaque interprétation du jour de naissance qui vous correspond, en prenant du recul sur ce qui est dit et sur ce que vous êtes.

Chaque jour de naissance, selon chaque individu, sera vécu différemment, en fonction du caractère même de la personne qui est née un jour donné, par rapport à son chemin de vie, à sa culture, à son hérédité et à son environnement.
Les énergies contenues dans un jour de naissance sont toujours de deux types, loi d'équilibre oblige, positives et négatives, la tendance peut être variable, soit vers le positif, soit vers le négatif, ou même parfois mitigée, entre deux. Donc deux personnes ayant le même jour de naissance, auront les mêmes caractéristiques, mais seront potentiellement différentes, surtout si l'une vibre en positif et l'autre en négatif.

Le jour de naissance concerne donc une partie fondamentale de la personnalité, notre moi, le mois de naissance concerne la relation entre le moi et les influences universelles, c'est une vibration charnière qui fait le lien entre ce que vous êtes et le monde extérieur et les autres, qui est définit par la date de naissance.

Pour les non avertit, la date de naissance complète, à savoir jour, mois et année permet de connaître le chemin de vie d'une personne, qui n'est pas abordé dans cet ouvrage, mais dans celui déjà parus, indiqué en début de livre.

Mon livre est orienté tous publics, mais aussi pour les numérologues, désireux d'en apprendre plus ou d'affiner le domaine des nombres. Pour ceux-là, il est nécessaire de mettre en relation, les différents postes de la personnalité pour pouvoir faire une interprétation précise et juste de la personnalité d'un individu quel qu'il soit.

Pour en terminer, il est important de dire, que les énergies personnelles et universelles, ne sont pas statiques, c'est ce que l'on en fait qui définit le résultat, les conséquences de nos actes et la réalisation de notre futur. A chacun ses choix, ses positions et son libre arbitre, nous sommes seuls responsables de nos actes. Si vous souhaitez évoluer, vous améliorer ou pas, libre à vous de le faire, vous êtes le seul créateur de votre destinée, quelles que soient les influences extérieures.

Bonne lecture à toutes et à tous,

Votre jour de naissance

Le jour de naissance 1 :

- Energie yang / masculin
- Elément feu
- Energie vibratoire forte de type dynamique et rapide.
- Energie créatrice, volontaire et déterminée

Du courage vous n'en êtes pas dénué, ni de volonté d'ailleurs, quoi qu'il en soit puisez dans les potentialités de votre jour 1 si vous vous sentez découragé et parfois abattu, car il vous apporte plein de ressources, dont je suis sûr, vous ne vous doutez pas. L'énergie du 1 est une énergie de commencement ou tout est possible, elle vous apporte l'esprit d'initiative et la détermination nécessaire pour avancer dans votre vie et dans vos projets quel que soit le domaine concerné. C'est une énergie pure et fondamentale très dynamique, qui propose de pouvoir mettre en œuvre et assouvir vos désirs personnels.
Le pouvoir créateur, c'est bien de cela dont il s'agit, de votre pouvoir créateur personnel, de votre capacité à créer et à réaliser concrètement ce qui vous passe par la tête, d'utiliser votre potentiel individuel à des fins de réussite.

Pour cela, faites appel non seulement à votre potentiel créatif, mais aussi à votre intelligence créatrice.

L'ego, ahhhh l'ego, la volonté et la détermination mesurées sont une bonne chose, l'autorité est parfois nécessaire si elle est bien sûr, elle aussi mesurée. Par contre, l'excès n'est pas de mise, pourriez-vous être parfois trop directif ou directive ? Trop têtu et fermé ou trop permissif, laxisme et tendances dominatrices ne font pas bon ménage avec la vibration du 1.

Que faire dans ce cas-là ? Il suffit simplement (facile à dire…) de canaliser ce type d'énergies, tantôt dans le trop ou tantôt dans le trop peu, le juste milieu comme toujours est recommandé. Quoi qu'il en soit et quelle que soit l'attitude que vous adopterez, il vous est conseillé de prendre les choses en main, de prendre l'initiative dans vos réalisations, de faire preuve d'une volonté sans faille, qui déterminera votre avenir sous les meilleurs augures.

Votre potentiel créatif est très important, il vous permet tel un magicien et cela sans artifice, car le paraître n'est qu'illusion, de vous positionner en tant que leader, pas seulement un leader en tant que chef d'entreprise ou de tout autre organisation, mais aussi et surtout en tant que leader de votre propre vie.

Si vous réussissez à être le leader de votre vie, alors tant de choses seront possibles et réalisables, mais pour cela, une confiance en soi à toute épreuve est nécessaire.

Et oui, c'est bien là la clé de la réussite, la confiance en soi, c'est le moteur principal, qui va vous permettre d'avancer sur votre chemin de vie, plus vous boosterez ce moteur, plus vous irez loin et plus vous repousserez les frontières de votre existence.

Le magicien que vous êtes (magicien de votre vie) tel Merlin ayant compris le sens de la vie, pourra d'une certaine manière passer de l'état d'indécision qui pourrait vous caractériser et vous bloquer dans votre avancement individuel, à l'état d'être humain convaincu de son potentiel inné, afin de l'utiliser pour créer la vie qui vous correspond pour vous-même et pour vos proches. Votre capacité à être indépendant est non négligeable, car elle vous permet d'avoir une bonne liberté d'action en général. C'est à vous de diriger votre vie et non aux autres, de prendre les décisions qui s'imposent, au moment souhaité. Le jour de naissance 1 vous permet d'innover, d'être actif et individualiste, du moins pour certains d'entre vous, pour les autres il peut en effet y avoir des différences en fonction de la personnalité de chacun, n'occultez pas votre potentiel réalisateur, il serait dommage de passer à côté.

Le défi de votre jour de naissance :

Pas de défi particulier ici, à part d'utiliser à bon escient votre potentiel du jour de naissance 1

Le cadeau de votre jour de naissance :

Pas de cadeau particulier ici, à part d'utiliser à bon escient votre potentiel du jour de naissance 1

Ce qu'il est conseillé de faire : Faite preuve d'initiative personnelle, de volonté et de détermination, soyez le créateur et le leader de votre propre vie. Affirmez-vous avec intelligence, et cultivez votre confiance en vous, vos actions n'en seront que plus justes et porteuses de réussite personnelle et sociale.

Ce qu'il n'est pas conseillé de faire : Evitez le laxisme, l'autoritarisme, l'entêtement et surtout le manque de confiance en soi, ce n'est pas une option de choix. La domination, et l'ascendant sur autrui indiquent un problème sérieux d'ego, qui ne vous servira pas ou du moins dans le mauvais sens, vos actions n'en seraient que plus injustes et inappropriées.

Les relations sentimentales : en général, avec ce type de vibration, c'est souvent assez égoïste à ce niveau, tout dépendra ensuite du reste de votre personnalité et de la personne que vous aurez en face de vous, ainsi que du type de relation. Ne soyez pas trop recentré sur vous et soyez un peu plus à l'écoute de l'autre, si ce n'est pas le cas.

Vos influences mensuelles : Vous pourrez utiliser votre potentiel le **1**, le **10**, le **19** et le **28** de chaque mois de l'année, car ce sont des périodes qui accentuent les potentialités du 1 et favorisent l'apprentissage de cette leçon.

Le jour de naissance 1 est une vibration pure et n'est influencé par aucun autre jour de naissance.

Vos influences annuelles : Vous pourrez utiliser votre potentiel du jour de naissance 1, tous les neuf jours tout au long des 365 jours qui composent une année calendaire.

Votre mois de naissance : chacun des douze mois de l'année accentuent et favorisent certains aspects de la personnalité, ainsi que certaines actions et évènements pendant la période.

Gardez à l'esprit votre jour de naissance 1 pour nuancer les explications complémentaires de votre mois de naissance.

Si vous êtes né (née) le 1 janvier :

C'est une période dynamique qui favorise l'initiative personnelle, les nouveaux projets ou projets en cours, mais aussi l'ego, les tensions nerveuses, les conflits intérieurs en général et une certaine agitation.

Si vous êtes né (née) le 1 février :

Favorise les associations en général, l'union, la sensibilité et l'intuition, une forte réceptivité chez certaines personnes, mais aussi des oppositions, de l'hésitation, des problèmes relationnels parfois, être à l'écoute est primordial. Il peut y avoir complémentarité parfois.

Si vous êtes né (née) le 1 mars :

Période qui favorise la communication, les idées créatives, l'intelligence, le dynamisme, mais aussi la dispersion d'énergies dans certains cas, et une certaine impulsivité, s'exprimer est primordial pendant cette période pour mettre en avant votre potentiel créatif personnel.

Si vous êtes né (née) le 1 avril :

Période qui favorise la structure de vie et les cadres en général, les projets concrets, le travail, le foyer, mais aussi les restrictions et les blocages, l'entêtement et l'intransigeance. Ouverture d'esprit nécessaire.

Si vous êtes né (née) le 1 mai :

Période qui favorise le changement et la mobilité, l'expansion et la progression personnelle, mais aussi l'impulsivité, l'instabilité et les excès possibles. Gardez la mesure, c'est assez dynamique dans l'ensemble. Forte indépendance et liberté d'action non négligeable.

Si vous êtes né (née) le 1 juin :

Période qui favorise les responsabilités, l'harmonie, mais aussi les conflits et les obligations. Il faut arrondir les angles, se positionner au sein de la famille et de ses proches. On peut se sentir un peu coincé parfois ou tributaire de certaines personnes.

Si vous êtes né (née) le 1 juillet :

Période qui favorise la réflexion et l'introspection, les opportunités, mais aussi l'isolement et des tensions possibles. Une tendance à ruminer et à vouloir s'isoler pour certaines personnes. Forte indépendance à prendre en compte.

Si vous êtes né (née) le 1 aout :

Période qui favorise l'aspect financier, la réussite, la volonté et la combativité, mais aussi les litiges et des pertes possibles dans le domaine concret. L'ego est à canaliser.

Si vous êtes né (née) le 1 septembre :

Période qui favorise les activités et les contacts vers un certain public, mais aussi les conflits d'autorité et les problèmes d'ego.

Si vous êtes né (née) le 1 octobre :

Période qui favorise les projets et la créativité avec une vision plus large, mais aussi les moments de haut et de bas, d'incertitude, des énergies dispersées. Oppositions et dualité à prendre en compte parfois.

Si vous êtes né (née) le 1 novembre :

Période qui favorise la maitrise de certaines énergies intérieures, l'inspiration, mais aussi de fortes tensions et oppositions. Forte dualité.

Si vous êtes né (née) le 1 décembre :

Période qui favorise la créativité, par l'utilisation de son intuition et de sa sensibilité, mais aussi les erreurs de chemin, à cause de certaines décisions ou indécisions.

Le jour de naissance 2 :

- Energie yin
- Elément eau
- Energie vibratoire de type faible, lente et passive
- Energie de réceptivité, douce, sensible et intuitive

Le jour de naissance 2, vous apporte une grande sensibilité, parfois trop, et la capacité d'utiliser et d'écouter votre intuition n'est pas des moindres. Vous êtes donc une personne d'une grande sensibilité et cela vous mets dans une position à part, ou vous pouvez ressentir le moindre changement énergétique si imperceptible soit-il.
Autant cela peut vous servir, autant cela peut vous fragiliser, au point où vous pourriez vous sentir parfois vulnérable. En principe vous aimez abordez la vie de préférence à deux et au contact des autres, prêt ou prête à vous associer parfois quel qu'en soit le prix à payer. Cette vibration est tellement sensible que vous êtes suivant le cas, tantôt assujetti à vos frustrations intérieures, tantôt soumis à l'autre, aux autres. Le choix vous appartient, c'est une des leçons qu'il vous est proposé de travailler, si vous le voulez bien, soyez plus tranché dans vos décisions, comme une eau calme et sereine en pleine possession de ses moyens, car parfois tel une eau tumultueuse et impatiente ne sachant pas ou se déverser, vous vous sentez indécis ou indécise quant à la route à prendre et au choix à faire.

Inquiet, inquiète et pour certaines personnes cyclothymiques, au moral fluctuant, vous pouvez sortir de cet état, par la valorisation intuitive de votre être intérieur. Je sais que vous le pouvez, rien ne sert de se laisser aller ou de sacrifier cet être intérieur par un comportement, trop laxiste ou dépendant.

Dépendant, ça oui vous l'êtes pour la majorité d'entre vous, dépendant aux sentiments, dépendant aux besoins affectifs divers, ou dépendant aux autres tout simplement par peur de la solitude parfois, rechercher systématiquement un partenaire n'est pas forcément la solution à votre problème, essayez de vivre d'abord en accord avec vous même.

Vous voulez aussi aider et apporter votre soutient, c'est très bien, mais acceptez d'abord de vous aider vous-même ou de vous faire aider. Le jour de naissance 2 est une énergie à dominante féminine puissante, vous ne pouvez pas systématiquement vous positionner en tant que mère de tout et de tout le monde. Laisser aussi la place à votre féminin intérieur, pour accorder la possibilité à vos énergies personnelles, de pouvoir utiliser ces deux principes qui vous composent fondamentalement, le principe féminin et le principe masculin, car nous sommes composés des deux, et ne pouvons pas occulter ce fait, à chaque chose sa place et sa position, les deux principes étant importants et complémentaires. Une autre des leçons qu'il vous est possible de travailler, est la dualité qui vous caractérise, induisant bien souvent des conflits intérieurs mais aussi d'ordre relationnel, dualité qui fait référence entre autre aux deux principes déjà cités. Il vous est possible d'utiliser cette dualité autrement si vous le souhaitez, non pas en tant qu'opposition mais en tant que collaboration d'une double énergie. Vous unir et vous associer, fait partie fondamentalement de ce jour de naissance, il vous indique la façon d'aborder l'autre, les autres, mais pour cela tenez bien compte de ce qui a été dit plus haut, pour pouvoir collaborer dans une approche d'équilibre et de partage.

Le défi de votre jour de naissance :

Pas de défi particulier ici, à part d'utiliser à bon escient votre potentiel du jour de naissance 2

Le cadeau de votre jour de naissance :

Pas de cadeau particulier ici, à part d'utiliser à bon escient votre potentiel du jour de naissance 2

Ce qu'il est conseillé de faire : Faite preuve d'écoute et de compréhension à l'égard des autres, mais aussi de vous-même. L'union et la collaboration permet de créer des liens durables, restez attentif à ce qui vous entoure, soyez prêt à aider, guider les autres et d'accepter que l'on puisse vous aussi vous aider et vous guider quand cela est nécessaire. La patience est de rigueur, et restez toujours en accord avec ce que vous êtes, votre intuition vous y aidera.

Ce qui n'est pas conseillé de faire : Evitez le laxisme, l'impatience, et surtout le manque de confiance en soi. Ne vous laissez pas non plus dominer, la soumission et le sacrifice ne sont pas une option de choix. Ne pas être attentif et à l'écoute peut vous en couter. Une tendance dépressive pourrait vous guetter et vous empêcher de vous réaliser concrètement, ne vous laissez pas aller à de sombres idées et ne devenez pas dépendant à l'excès. Votre impulsivité peut vous jouer des tours.

Les relations sentimentales : cette vibration favorise les relations sentimentales, car pleines de sensibilité et de compréhension, à l'écoute de l'autre et très intuitive. Il y a toutefois beaucoup de fragilité et parfois une dépendance à l'autre, tout dépendra ensuite du reste de votre personnalité et de la personne que vous aurez en face de vous, ainsi que du type de relation.

Vos influences mensuelles : Vous pourrez utiliser votre potentiel le **2**, le **11**, le **20** et le **29** de chaque mois de l'année, car ce sont des périodes qui accentuent les potentialités du 2 et favorisent l'apprentissage de cette leçon.
Le jour de naissance 2 est une vibration pure et n'est influencé par aucun autre jour de naissance.

Vos influences annuelles : Vous pourrez utiliser votre potentiel du jour de naissance 2, tous les neuf jours tout au long des 365 jours qui composent une année calendaire.

Votre mois de naissance : chacun des douze mois de l'année accentue et favorise certains aspects de la personnalité, ainsi que certaines actions et évènements pendant la période.
Gardez à l'esprit votre jour de naissance 2 pour nuancer les explications complémentaires de votre mois de naissance.

Si vous êtes né (née) le 2 janvier :

Opposition ou attirance des contraires, décision ou indécision, conflit ou complémentarité, forte dualité à prendre en compte. Conflits d'ordre relationnel possible, affrontement ou complémentarité des deux principes, masculin et féminin.

Si vous êtes né (née) le 2 février :

Accentuation des capacités intuitives, sensibilité exacerbée et réceptivité extrême, mais aussi dualité et frustrations intérieures, conflits d'ordre relationnel, énergies à canaliser, hypersensibilité, remise en question.

Si vous êtes né (née) le 2 mars :

Favorise l'intuition et la créativité, et une certaine harmonie en général, mais aussi parfois un petit ralentissement au niveau des énergies personnelles, l'ensemble reste harmonieux et permet un bon développement, le relationnel est mis en avant positivement, fragilité possible.

Si vous êtes né (née) le 2 avril :

Favorise la vie au foyer, la famille, les responsabilités, mais induit aussi une certaine fragilité générale, c'est plutôt lent et parfois restrictif, il faut être patient. Permet de trouver une certaine stabilité et sécurité.

Si vous êtes né (née) le 2 mai :

Favorise les antagonismes, plutôt instable, génère des frustrations et des conflits, mais aussi parfois et suivant le contexte, il peut y avoir complémentarité en s'adaptant par rapport aux autres. Progression possible parfois, instabilité à prendre en compte.

Si vous êtes né (née) le 2 juin :

Entre harmonie et fragilité affective, beaucoup de sensibilité émotionnelle, l'aspect concret manque un peu de peps, mais peut être abordé avec harmonie, bonne sensibilité pour les affaires parfois, combativité modérée.

Si vous êtes né (née) le 2 juillet :

Favorise le calme et la tranquillité, mais aussi la tendance à ruminer et au laisser aller. Prenez du recul. Ne vous isoler pas trop, utilisez votre mental et son potentiel à bon escient.

Si vous êtes né (née) le 2 aout :

Antagonisme et complémentarité, énergies conciliatrices et combatives, à vous de trouver l'équilibre général, mais il y a de quoi faire, s'il est trouvé, affirmation et confiance en soi, pourront vous aider à vous réaliser.

Si vous êtes né (née) le 2 septembre :

Des tensions émotionnelles et des remises en question très souvent périodes parfois difficiles, mais qui permettent d'utiliser votre inspiration et votre intuition au service d'une maitrise personnelle nécessaire pour vous réaliser. Tendances fragiles, mais une évolution importante possible.

Si vous êtes né (née) le 2 octobre :

Oppositions ou attirance des contraires, décision ou indécision, conflits ou complémentarité. Tout cela avec une vue plus large des choses, qui permet de mieux aborder les énergies en présence.

Si vous êtes né (née) le 2 novembre :

Opposition ou attirance des contraires, décision ou indécision, conflits ou complémentarité. Tout cela est assez compliqué et dualitaire, forte sensibilité et réceptivité à prendre en compte, forte dualité, ça passe ou ça casse.

Si vous êtes né (née) le 2 décembre :

Opposition ou attirance des contraires, décision ou indécision, conflits ou complémentarité. Compliqué ici aussi, accentue là aussi la sensibilité et la réceptivité, ainsi que certains blocages, la vue des choses est parfois irréaliste, transition positive possible dans certains cas.

Le jour de naissance 3 :

- Energie yang et yin, le yang reste dominant
- Elément feu
- Energie vibratoire de type forte, dynamique et ouverte
- Energie créatrice et communicatrice, potentiel d'expression important

Expressif c'est le moins que l'on puisse dire, celui ou celle qui en manque avec ce jour de naissance, doit avoir quelque chose à régler en son for intérieur.
La créativité n'est pas une de vos moindres qualités, c'est même un des moteurs principaux, qui permet de pouvoir vous réaliser dans votre vie. La créativité peut prendre différentes formes, et nous en sommes tous plus ou moins porteurs, c'est l'essence même de la vie. Outre cet aspect, c'est la communication qui est au-devant de la scène, elle vous permet de vous connecter aux autres, différent du jour de naissance 2, mais il y a tout de même une connexion qui est nécessaire entre vous et les autres par le moyen de la communication, c'est de cette façon que vous êtes perçu comme une personne ouverte et gaie, le besoin de communiquer peut dans certains cas être une nécessité, attention dans ce cas-là à ne pas trop vous disperser et en abuser, en brassant de l'air tout autour de vous, ou en parlant trop à tort et à travers.

Ceux qui sont nés un jour 3, sont en général assez constants au niveau du moral, même s'ils ont des problèmes, comme tout un chacun, ils gardent souvent un bon état d'esprit même dans les épreuves de la vie. Vous reprenez donc facilement le dessus, mieux que d'autres personnes, et cela vous permet d'avancer et de progresser dans la vie, grâce à votre état d'esprit fondamentalement positif, l'optimisme est une de vos qualités fondamentales.

Au-delà de ça, il y a l'image que vous véhiculez de vous-même, une image qui doit être soignée, car au centre des relations sociales et plus intimes aussi. Vous auriez parfois tendance à avoir une haute opinion de vous, à vouloir être au centre de tout, ici aussi, très certainement le besoin de reconnaissance, qui pourrait vous pousser à avoir un comportement égoïste et superficiel. Cette communication doit être, si vous le souhaitez, utilisée différemment, pour connecter votre être réel à celui des autres et faire partager, d'une part votre enthousiasme pour les choses et la vie et d'autre part votre potentiel créatif naturel, sous forme d'une énergie créatrice qui se diffuse au sein de vos relations personnelles et du cercle social plus large. Ce flux créateur peut être très souvent canalisé et diffusé par l'intermédiaire d'une activité spécifique répondant au besoin de votre personnalité profonde, vous êtes l'artiste de votre vie, ayant des talents divers.

Si on entre en profondeur, nous allons très certainement y trouver une grande sensibilité, moteur essentiel me direz-vous nécessaire au créateur ou à la créatrice que vous êtes. Peignez donc, écrivez, chantez, dansez… exprimez-vous comme bon vous semble et du mieux que vous le pourrez. Pour cela il est parfois nécessaire de bouger, car vous ressentez aussi ce besoin, de vous aérer par moment, vous ressourcer, ce qui vous permet de repartir gonflé à bloc dans vos activités favorites.

Le jour de naissance 3 est une très belle énergie créatrice, qu'il vous faut utiliser à bon escient, pour vous réaliser positivement.

Le défi de votre jour de naissance :

Pas de défi particulier ici, à part d'utiliser à bon escient votre potentiel du jour de naissance 3

Le cadeau de votre jour de naissance :

Pas de cadeau particulier ici, à part d'utiliser à bon escient votre potentiel du jour de naissance 3

Ce qu'il est conseillé de faire : Utilisez votre créativité naturelle, par l'intermédiaire d'une activité spécifique vous permettant d'être dans votre plein potentiel. Exprimez-vous chaque fois que vous le pouvez, exprimez et communiquer votre potentiel créateur intérieur, sans pour autant vous disperser.

Ce qu'il n'est pas conseillé de faire : Evitez de tomber dans le paraître et la superficialité, la recherche systématique de reconnaissance, ne dispersez pas vos énergies inutilement, soyez sincère dans vos propos et dans vos relations en général.

Les relations sentimentales : c'est une vibration qui peut amener l'harmonie, la joie et l'enthousiasme dans une relation, attention à ne pas vous disperser ou à papillonner, tout dépendra ensuite du reste de votre personnalité et de la personne que vous aurez en face de vous, ainsi que du type de relation.

Vos influences mensuelles : Vous pourrez utiliser votre potentiel le **3**, le **12**, le **21** et le **30** de chaque mois de l'année, car ce sont des périodes qui accentuent les potentialités du 3 et favorise l'apprentissage de cette leçon.
Le jour de naissance 3 est une vibration pure et n'est influencé par aucun autre jour de naissance.

Vos influences annuelles : Vous pourrez utiliser votre potentiel du jour de naissance 3, tous les neuf jours tout au long des 365 jours qui composent une année calendaire.

Votre mois de naissance : chacun des douze mois de l'année accentue et favorise certains aspects de la personnalité, ainsi que certaines actions et évènements pendant la période.

Gardez à l'esprit votre jour de naissance 3 pour nuancer les explications complémentaires de votre mois de naissance.

Si vous êtes né (née) le 3 janvier :

Période qui favorise la communication et l'initiative personnelle, les idées créatives, l'intelligence, le dynamisme, la volonté et la détermination, mais aussi la dispersion d'énergie par moment, et une certaine impulsivité, les entreprises créatives sont bien aspectées pendant cette période de réalisation.

Si vous êtes né (née) le 3 février :

Favorise l'intuition et la créativité, et une certaine harmonie en général, mais aussi parfois un petit ralentissement au niveau des énergies personnelles, l'ensemble des énergies est favorable pour se réaliser en tant qu'individu au contact d'autrui.

Si vous êtes né (née) le 3 mars :

Dispersion d'énergie, certaines à canaliser, créativité et sensibilité artistique exacerbée. Relationnel dynamique, trop même, ne vous éparpillez pas. Il y a une dualité, qui demande un certain contrôle de vos énergies, parfois grande ouverture possible.

Si vous êtes né (née) le 3 avril :

Centrez sur la structure de vie, le travail et le foyer cette période apporte aussi certaines restrictions et des blocages. Ouverture possible grâce à votre sens de la communication sur un plan concret, réalisation possible.

Si vous êtes né (née) le 3 mai :

Très dynamique, beaucoup de mouvement et de déplacements probables, accentue l'évolution de votre créativité, énergies à canaliser tout de même, pour éviter trop d'impulsivité.
Favorise la progression, mais il faut rester modéré et éviter l'agressivité.

Si vous êtes né (née) le 3 juin :

Harmonie possible dans tous les domaines, période de responsabilités, favorise la créativité et l'expression artistique, forte sensibilité émotionnelle à canaliser, forte intuition créatrice, permettant une large diffusion.

Si vous êtes né (née) le 3 juillet :

Favorise aussi une autre forme de créativité, la période est plus calme et posée, ce qui permet d'ordonner et de développer ses idées. Suivant le cas, cela favorise certaines capacités pour les écrits, les énergies sont modérées et permettent de bien se réaliser.

Si vous êtes né (née) le 3 aout :

Très dynamique, beaucoup d'énergie, favorise le commerce, les affaires concrètes, la façon de vous exprimer avec beaucoup de dynamisme, parfois trop, canalisez votre impulsivité, votre agressivité, les réalisations personnelles peuvent être très favorisées, mais attention aux excès de comportement.

Si vous êtes né (née) le 3 septembre :

Assez harmonieux et très ouvert, favorise l'expression et la créativité d'un point de vue universel, et au niveau d'un certain public, accentue votre sensibilité émotionnelle, quelques erreurs et blocages possibles, qui peuvent être évités, restez les pieds sur terre.

Si vous êtes né (née) le 3 octobre :

Période qui favorise la communication et l'initiative personnelle, les idées créatives, l'intelligence, le dynamisme, la volonté et la détermination, mais aussi la dispersion d'énergies, et une certaine impulsivité, entreprendre est primordial pendant cette période. Tout cela est vécu avec une vision plus grande des choses, il y a aussi des hauts et des bas possibles, des changements en cours probables.

Si vous êtes né (née) le 3 novembre :

Favorise la maitrise de vos énergies créatrices, accentue votre sensibilité et votre intuition, soyez inspiré. Cela reste toutefois et parfois assez impulsif et agressif suivant le cas, beaucoup d'énergie à canaliser, ego bien présent, belle possibilité de vous réaliser.

Si vous êtes né (née) le 3 décembre :

Accentue votre créativité, votre sensibilité, mais aussi peut ralentir voire bloquer les énergies en présence, attention aux décisions que vous prendrez et comme souvent au chemin que vous emprunterez. Le mois de décembre étant une énergie transitoire et créative, elle vous permet d'entrevoir l'avenir proche en fonction de vos décisions.

Le jour de naissance 4 :

- Energie yin
- Elément terre
- Energie vibratoire de type solide, lente et restrictive
- Energie matérialiste et constructive, stable

Le jour de naissance 4, représente les cadres, la structure de vie, il vous apporte un esprit carré, si je puis dire, le sens de l'organisation, il fait de vous une personne méthodique et organisée en général sauf si le potentiel du 4 n'a pas été totalement assimilé, plus ou moins rigide aussi suivant votre personnalité. Vous aimez que les choses soit à leur place, en regardant bien tous les détails. Vous êtes bien ancré à la terre, sur des bases solides, que vous souhaitez durables, tout comme vos réalisations personnelles d'ailleurs, les fondations doivent être solides et bien étayées c'est certain. Vous pouvez faire preuve de sérieux, de rigueur et d'opiniâtreté, ce qui fait de vous une personne fiable sur qui l'on peut compter. Trop entêté, il est certain que vous l'êtes parfois, les choses sont ce qu'elles sont et doivent être là où elles sont, mais n'oubliez pas que tout n'est que mouvement et que les choses et les gens changent parfois, un peu plus d'adaptabilité ne vous fera pas de mal, ne restez pas accroché aux choses du passé, cela vous évitera certaines frustrations intérieures, qui pourraient accentuer votre mauvais caractère, si vous êtes du genre fermé bien sûr. Trop de cadre peut vous rendre psychorigide, enfermé entre les quatre murs de votre esprit. Impulsif vous pouvez l'être et même impatient par moment, mais on ne vous enlèvera pas une chose, c'est votre persévérance et vos idées bien arrêtées. Les cadres, et oui c'est tellement important pour vous d'être structuré, sauf si votre personnalité est à l'inverse bien évidemment et donc déstructuré, ce qui ne serait pas non plus à votre avantage. Être dans une structure bien encadrée, comme le foyer est très important pour vous, votre lieu de vie. La structure c'est bien oui, mais n'auriez-vous pas l'esprit occupé par de vieux schémas obsolètes qui vous empêche d'évoluer avec plus de souplesse, oui plus de souplesse n'a jamais fait de mal à personne, la discipline est une bonne chose, oui mais il faut parfois lâcher un peu de lest. En tous cas d'un point de vue de vos réalisations concrètes, vous avez toutes les qualités pour réussir et avancer dans la vie, pour construire durablement et dans la stabilité si c'est votre souhait profond. La gestion du temps est aussi un paramètre important dans votre vie, le timing est primordial dans votre façon de faire les choses. Le relationnel quant à lui est aussi très structuré, la tour que vous avez construite, ne serait-elle pas trop haute ni trop solide, avez-vous pensé à laisser des ouvertures, pour que vous puissiez sortir de temps à autre, ou permettre à certaines personnes d'entrer pour vous rendre visite. Quand je parle d'ouverture, c'est sur le plan concret mais aussi sur le plan mental, comme je l'ai déjà dit un peu plus de souplesse ne vous nuira pas, et vous permettra de vous réaliser dans de meilleures conditions, grâce à votre travail de fourmi.

Le défi de votre jour de naissance :

Pas de défi particulier ici, à part d'utiliser à bon escient votre potentiel du jour de naissance 4

Le cadeau de votre jour de naissance :

Pas de cadeau particulier ici, à part d'utiliser à bon escient votre potentiel du jour de naissance 4

Ce qu'il est conseillé de faire : restez structuré, organisé, méthodique, persévérant et rigoureux et ouvrez un peu plus votre esprit, quant au possible qui se présenteront à vous, faite preuve de plus d'adaptabilité.

Ce qu'il n'est pas conseillé de faire : Evitez l'intransigeance et la rigidité, d'être trop entêté et fermé, cela ne vous apportera rien de bon sur le long terme.

Les relations sentimentales : manque d'ouverture, tendance routinière, difficulté pour exprimer ses sentiments, l'affect est trop encadré parfois, mais peut permettre une relation durable et pérenne dans certains cas, tout dépendra ensuite du reste de votre personnalité et de la personne que vous aurez en face de vous, ainsi que du type de relation.

Vos influences mensuelles : Vous pourrez utiliser votre potentiel le **4**, le **13**, le **22** et le **31** de chaque mois de l'année, car ce sont des périodes qui accentuent les potentialités du 4 et favorisent l'apprentissage de cette leçon.
Le jour de naissance 4 est une vibration pure et n'est influencé par aucun autre jour de naissance.

Vos influences annuelles : Vous pourrez utiliser votre potentiel du jour de naissance 4, tous les neuf jours tout au long des 365 jours qui composent une année calendaire.

Votre mois de naissance : chacun des douze mois de l'année accentue et favorise certains aspects de la personnalité, ainsi que certaines actions et évènements pendant la période.
Gardez à l'esprit votre jour de naissance 4 pour nuancer les explications complémentaires de votre mois de naissance.

Si vous êtes né (née) le 4 janvier :

Favorise les entreprises concrètes, des restrictions et des délais, des blocages à prévoir, entêtement, impulsivité et obstination à éviter, constructif aussi, réalisation concrète positive possible.

Si vous êtes né (née) le 4 février :

Favorise les partenariats, les contrats, c'est lent et fragile, faire preuve de patience, parfois conflictuelle et fragile, tenir ses engagements.

Si vous êtes né (née) le 4 mars :

Favorise les relations concrètes, la communication, parfois ouverture, parfois blocages de l'expression, antagonisme.

Si vous êtes né (née) le 4 avril :

Conflictuel et borné, impulsivité, impatience, blocages à prévoir, forte dualité, laborieux, parfois constructif.

Si vous êtes né (née) le 4 mai :

Antagonisme, instabilité, frustration, parfois développement et progression concrète, impulsivité, agressivité à éviter.

Si vous êtes né (née) le 4 juin :

Favorise la stabilité et les aspects sécurisant, les responsabilités concrètes, parfois conflits, les domaines familiaux, le foyer, la maison, le travail sont concernés, avancement possible.

Si vous êtes né (née) le 4 juillet :

Plutôt constructif en général, favorise tout ce qui touche à l'organisation, la réflexion et les détails, ça reste tout de même fermé et rigide, intransigeant parfois, caractériel.

Si vous êtes né (née) le 4 aout :

Favorise tout ce qui touche à l'aspect matériel, c'est très restrictif, impulsif, rigide et intransigeant, pas d'ouverture, assez difficile sur le plan caractériel.

Si vous êtes né (née) le 4 septembre :

Les énergies sont antagonistes, conflictuelles, parfois aboutissements de certaines choses, parfois pertes et fin, tout dépend de la tendance, antagonisme des énergies.

Si vous êtes né (née) le 4 octobre :

Favorise les entreprises concrètes, des restrictions et des délais, des blocages à prévoir, entêtement et obstination, parfois ouverture et vision plus large sur le plan concret.

Si vous êtes né (née) le 4 novembre :

Énergies difficiles à canaliser, oppositions, conflits, blocages probables, réussite concrète suivant les cas.

Si vous êtes né (née) le 4 décembre :

Assez bloquant dans l'ensemble, conflictuel, peu de compatibilités, faire preuve de patience et d'écoute, restrictif.

Le jour de naissance 5 :

- Energie yang
- Elément feu et air
- Energie vibratoire forte de type dynamique et rapide, excessive
- Energie mutable et changeante, adaptable et expansive

Le jour de naissance 5 vous apporte, la capacité de mobilité, de bouger, de vous déplacer, d'accueillir et provoquer les changements en étant adaptable, ce qui fait si souvent défaut à de nombreuses personnes. Vous êtes dynamique et n'aimez pas que les choses stagnes, sauf si vous êtes à contrecourant de votre jour de naissance 5. Vous êtes curieux de tout ou presque, vif d'esprit et prêt ou prête à découvrir ou redécouvrir le monde qui vous entoure, usant et abusant parfois de votre liberté personnelle. Tout comme le jour 3, vous êtes à l'aise en société et dans les relations en général, plutôt expressif et même parfois trop dispersé, ce qui vous pousse à partir dans n'importe quelle direction et à perturber les énergies qui vous entourent autant que les vôtres d'ailleurs. Vous êtes aussi enclin à chercher la façon d'évoluer sur le plan personnel, et à ne pas hésiter à vouloir enrichir vos connaissances, par de nombreuses expériences diverses et variées au cours de votre existence. Expérimenter c'est bien, mais attention aux excès, et à un comportement parfois fait d'imprudence, poussé par votre impulsivité, il peut parfois vous arriver d'avoir un comportement versatile, qui ne vous apportera rien de constructif, et vous fera apparaitre comme étant une personne instable et peu fiable. Il serait dommage que les gens vous voient sous un jour ambigu et incertain.

Il est évident que vous êtes une personne réactive, il serait plus judicieux de bien réfléchir avant d'agir, qu'en pensez-vous ? Dans certains cas et pour certaines personnalités, l'expérimentation pourrait vous mener loin, à la frontière de certains paradis artificiels, ou dans l'exploration d'une sexualité qui pourrait être parfois un peu débridée, vous aimez les plaisirs de la vie et c'est tout à fait normal, il n'est pas interdit de sortir des cadres, cela vous permet d'avoir une large expérience de la vie, mais il faut rester réaliste et ne pas dépasser certaines limites. Une chose est sure vous êtes indépendant, indépendante et très attaché à votre liberté personnelle, auquel cas, trop de cadres seraient assez contraignant pour vous, c'est évident, mais là aussi ils sont nécessaires, tout est question comme toujours de juste mesure dans les actes que vous posez

La liberté à souvent un prix, il y a toujours des règles à respecter, pour éviter tout débordement. Etre trop déstructuré n'est pas vraiment une option viable à long terme.

La liberté de penser est une chose, mais celle d'agir en est une autre, restez prudent dans vos déplacements suivant le cas.

N'hésitez toutefois pas à être vous-même, osez, votre libre arbitre est en général assez élargi et vous permet de faire de nombreux choix et de prendre de nombreuses décisions, plus que d'autres personnes d'ailleurs, il ne tient qu'à vous par la suite d'en faire bon usage afin d'explorer des contrées inconnues, ces contrées peuvent aussi être d'ordre intérieur.

A ce propos, vous avez un potentiel important d'évolution mis à votre disposition, la progression faisant partie de ce que vous êtes, ne gaspillez pas cette énergie en explorant à tort et à travers. Attention car la notion d'instabilité est toujours présente, l'équilibre est fragile et la frontière entre stabilité et instabilité est précaire.

Le défi de votre jour de naissance :

Pas de défi particulier ici, à part d'utiliser à bon escient votre potentiel du jour de naissance 5

Le cadeau de votre jour de naissance :

Pas de cadeau particulier ici, à part d'utiliser à bon escient votre potentiel du jour de naissance 5

Ce qu'il est conseillé de faire : utilisez votre libre arbitre à des fins de progression et d'évolution personnelle, enrichissez vos connaissances et restez ouvert, soyez prudent, prudente surtout.

Ce qu'il n'est pas conseillé de faire : évitez les excès de toutes sortes surtout avec un jour de naissance 5 comme le vôtre. Dans l'excès vous pourriez être une personne plutôt manipulatrice et sournoise, directive parfois et impulsive, canalisez tout ce petit monde.

Les relations sentimentales : souvent axé sur la sexualité, les relations peuvent être libres ou du moins agitées dans le couple, pas de routine ici, l'exploration est permise, mais attention aux tendances aventurières extra conjugales, tout dépendra ensuite du reste de votre personnalité et de la personne que vous aurez en face de vous, ainsi que du type de relation.

Vos influences mensuelles : Vous pourrez utiliser votre potentiel le **5**, le **14**, et le **23** de chaque mois de l'année, car ce sont des périodes qui accentuent les potentialités du 5 et favorise l'apprentissage de cette leçon.
Le jour de naissance 5 est une vibration pure et n'est influencé par aucun autre jour de naissance.

Vos influences annuelles : Vous pourrez utiliser votre potentiel du jour de naissance 5, tous les neuf jours tout au long des 365 jours qui composent une année calendaire.

Votre mois de naissance : chacun des douze mois de l'année accentue et favorise certains aspects de la personnalité, ainsi que certaines actions et évènements pendant la période.
Gardez à l'esprit votre jour de naissance 5 pour nuancer les explications complémentaires de votre mois de naissance.

Si vous êtes né (née) le 5 janvier :

Favorise les initiatives et l'indépendance personnelle, c'est progressiste, mais dynamique et impulsif, parfois excessif, il faut être responsable, restez adaptable pour avancer concrètement.

Si vous êtes né (née) le 5 février :

Antagoniste et instable, génère des frustrations intérieures, parfois évolution au niveau d'un partenariat, ça reste impulsif et agressif. Chercher l'équilibre.

Si vous êtes né (née) le 5 mars :

Très dynamique et ouvert, créatif, évolutif, forte énergie à canaliser, car très impulsif et parfois dispersé. Forte énergie en présence, éviter la violence.

Si vous êtes né (née) le 5 avril :

Antagonisme, instabilité, frustration, parfois développement et progression concrète, impulsif et agressif parfois, ouverture possible.

Si vous êtes né (née) le 5 mai :

Dualitaire, dans l'excès et l'impulsivité, fortes tensions nerveuses à canaliser, agressif et violent, très instable, attention lors de certains déplacements, changements rapides possibles.

Si vous êtes né (née) le 5 juin :

Antagonisme, instabilité, frustration, entente difficile, conflictuel, accord sur le plan sexuel parfois.

Si vous êtes né (née) le 5 juillet :

Favorise le développement intérieur, l'indépendance, la recherche en général,

Gardez une bonne gestion de votre liberté personnelle, pour rester équilibré.

Si vous êtes né (née) le 5 aout :

Très dynamique, puissantes énergies liées à l'argent, prudence dans vos déplacements suivant les cas, impulsif, agressif et violent parfois, il faut canaliser la aussi, changements et transformations parfois radicales.

Si vous êtes né (née) le 5 septembre :

Favorise l'évolution et le développement, grande ouverture, changement de structure possible, intérieure ou extérieure, favorise les voyages concrets et spirituels, les déplacements en général, maintenir un certain équilibre, tempérer les énergies en présence.

Si vous êtes né (née) le 5 octobre :

Favorise les initiatives et l'indépendance personnelle, c'est progressiste, mais dynamique et impulsif, parfois excessif, parfois une vision plus large des choses qui permet un très bon développement, il subsiste une certaine instabilité.

Si vous êtes né (née) le 5 novembre :

Favorise l'évolution et le développement en général, énergie puissante et très dynamique, comme toujours à canaliser, pour éviter impulsivité, agressivité…bonne maitrise des énergies nécessaires.

Si vous êtes né (née) le 5 décembre :

Ralentit l'initiative personnelle, la progression, induit frustrations et oppositions, avance avec difficultés, ouverture possible.

Le jour de naissance 6 :

- Energie yin
- Elément terre, parfois air
- Energie vibratoire de type hyperémotive et indécise
- Energie créatrice et équilibré, responsable et harmonieuse

Le jour de naissance 6 est une jolie vibration, mais qui à son petit caractère, tout de même. Le jour 6 symbolise l'amour et l'harmonie, mais il est porteur de bien d'autres choses, son potentiel est très riche, ou devrais-je dire, votre potentiel est très riche.

Il faut d'abord commencer par s'accepter et s'aimer soi-même, c'est primordial, c'est en finalité un problème que rencontre beaucoup de gens et ce quel que soit le jour de naissance. S'accepter c'est aussi accepter ses imperfections, ses défauts, personne n'est parfait en fin de compte, alors ne soyez pas trop exigeant avec les autres non plus, cela rend plus difficile les relations en général. Vous êtes aussi souvent en recherche d'harmonie, de reconnaissance, de bien être, d'amour... on se calme un peu, pas tout en même temps, chaque chose en son temps.

Pour pouvoir équilibrer un peu tout cela, il faut d'abord vous occuper de vous, il faut toujours prendre soin de soi, pour pouvoir projeter votre être intérieur accompli vers les autres, vous avez pour certains une tendance à avoir parfois une baisse de moral appuyé, une tendance à la démotivation, qui ne vous permet pas d'être créateur. Si vous êtes bien avec vous-même, alors votre besoin de reconnaissance, sera bien moindre et vous serez donc beaucoup moins dans l'attente, une attente qui plombe votre progression, votre évolution personnelle, qui vous empêche pour la plupart d'entre vous de vous réaliser, d'accomplir ce qui doit être fait, ne perdez pas votre temps, le temps passe vite et vous pourriez le regrettez plus tard. La confiance en soi est la clé comme toujours, elle vous permettra de savoir qui vous êtes réellement et de mettre surtout en avant vos qualités, votre potentiel existant, à ce stade plus besoin de reconnaissance, d'être reconnu, ou d'être admiré, les choses se feront plus naturellement, sans rechercher systématiquement l'approbation des autres, toute attente de l'approbation des autres amène souvent des critiques, pas toujours constructives d'ailleurs et cela vous déstabilise, en travaillant sur votre confiance en vous, vous passerez au-dessus de tout ce qui est superficiel et du domaine du paraître. C'est comme cela que vous allez créer l'harmonie tant recherchée, en commençant par vous, et en vous entourant des bonnes personnes, car cela est aussi très important surtout si avez des enfants, une famille, un conjoint, qui vous aiderons à créer cette harmonie, qui vous importe tant. Cet équilibre trouvé où retrouvé, vous ferez de même dans les autres domaines, c'est une façon de sécuriser le périmètre affectif, en faisant des actions responsables et des choix tranchés et judicieux pour votre avenir et celui de vos proches. Vous êtes aussi une personne conciliante, emprunte de douceur, sensible et émotive aussi, mais gardez la mesure, soyez plus forte avec un peu plus d'autorité, ne vous laissez pas manipuler par votre grande sensibilité. Si vous êtes affirmé, gardez la mesure, vous pourriez être tenté d'imposer votre volonté par excès de responsabilité et par soucis de sécurité, laissez un peu d'air à votre entourage. Le juste équilibre doit être trouvé, car si vous êtes du genre à fuir vos responsabilités, ce n'est pas non plus une option valable. Utilisez le potentiel créatif important que vous apporte le jour de naissance 6, afin de vous réaliser comme il se doit, car il permet de stimuler votre potentiel artistique entre autre chose, ainsi que celui de comprendre et celui d'aider.

Le défi de votre jour de naissance :

Pas de défi particulier ici, à part d'utiliser à bon escient votre potentiel du jour de naissance 6

Le cadeau de votre jour de naissance :

Pas de cadeau particulier ici, à part d'utiliser à bon escient votre potentiel du jour de naissance 6

Ce qu'il est conseillé de faire : Créez l'harmonie en commençant par vous occuper de vous, à canaliser vos émotions parfois débordantes, restez les pieds sur terre, ce n'est pas le monde des bisounours. Ayez confiance en vous et en votre potentiel créatif.

Ce qu'il n'est pas conseillé de faire : ne vous laissez pas dépasser par vos émotions, ne soyez pas trop conciliant ou trop tolérant, trouvez le juste milieu et ne tombez pas non plus dans l'excès d'autorité, ni en dépression à cause d'un moral souvent fluctuant et une tendance à être démotivé.

Les relations sentimentales : cette vibration est fondamentalement faite pour l'amour et l'harmonie à deux, pour les sentiments vrais et sincères, et parfois tout comme le jour 5 pour la sexualité, tout dépendra ensuite du reste de votre personnalité et de la personne que vous aurez en face de vous, ainsi que du type de relation.

Vos influences mensuelles : Vous pourrez utiliser votre potentiel le **6**, le **15**, et le **24** de chaque mois de l'année, car ce sont des périodes qui accentuent les potentialités du 6 et favorise l'apprentissage de cette leçon.
Le jour de naissance 6 est une vibration pure et n'est influencé par aucun autre jour de naissance.

Vos influences annuelles : Vous pourrez utiliser votre potentiel du jour de naissance 6, tous les neuf jours tout au long des 365 jours qui composent une année calendaire.

Votre mois de naissance : chacun des douze mois de l'année accentue et favorise certains aspects de la personnalité, ainsi que certaines actions et évènements pendant la période.

Gardez à l'esprit votre jour de naissance 6 pour nuancer les explications complémentaires de votre mois de naissance.

Si vous êtes né (née) le 6 janvier :

Cette période peut dans certains cas, favoriser une évolution sur le plan personnel, mais aussi des responsabilités et des obligations. Recherchez l'harmonie et l'équilibre pour vous stabiliser.

Si vous êtes né (née) le 6 février :

Une certaine harmonie est possible, mais cela reste fragile, c'est une période à dominante yin/féminin, ou la notion d'union et d'association prend toute sa valeur, ainsi que la nécessité de maintenir l'équilibre général comme toujours, un peu de combativité ne serait pas de trop.

Si vous êtes né (née) le 6 mars :

Plutôt harmonieux en règle générale, très créatif, gérer les émotions. Favorise les activités artistiques et créatives, l'intuition n'est pas en reste, ni votre sensibilité en général.

Si vous êtes né (née) le 6 avril :

Favorise généralement, l'équilibre et la stabilité dans le temps, mais ça manque un peu de dynamisme, utilisez votre potentiel personnel et votre confiance en vous pour avancer.

Si vous êtes né (née) le 6 mai :

Il y a ici un antagonisme, une certaine instabilité est à prendre en compte. Parfois une évolution ou un changement est possible, votre capacité d'adaptation si vous l'avez, vous aidera à progresser, mais cela reste conflictuel et tendu.

Si vous êtes né (née) le 6 juin :

Les énergies sont un peu lourdes, et l'harmonie très difficile à obtenir, un mal être pourrait se faire sentir, restez objectif et réaliste quant au choix à faire, des erreurs sont probables.

Si vous êtes né (née) le 6 juillet :

Exigence et perfectionnisme vous caractérisent certainement et vous permettent de bien analyser les tenants et les aboutissants pendant cette période. La créativité est aussi favorisée, il est toutefois préférable d'ouvrir un peu plus votre esprit par moment et de ne pas trop vous entêter, ni d'être trop autoritaire, des changements imprévus sont possibles.

Si vous êtes né (née) le 6 aout :

Responsabilité, combativité, et maintien de l'équilibre sont nécessaires. Favorise les aspects matériels dans certains domaines, une évolution est possible, mais attention aux excès, gardez la mesure.

Si vous êtes né (née) le 6 septembre :

Très créatif, harmonieux, mais parfois trop d'émotions à canaliser, le domaine artistique est favorisé, ainsi que le domaine humaniste, parfois risque de pulsions à contrôler, les excès ne mènent à rien, canalisez vos énergies.

Si vous êtes né (née) le 6 octobre :

Favorise une certaine forme d'évolution, une autre vision des choses, un autre cycle, mais reste toutefois un peu instable avec parfois des hauts et des bas, c'est aussi très créatif.

Si vous êtes né (née) le 6 novembre :

C'est tout ou rien ici, maitrise et réussite ou échec et tensions nerveuses, suivant le cas.

Si vous êtes né (née) le 6 décembre :

Très créatif, mais des blocages et des conflits possibles, le mois de décembre est toujours transitoire, il vous permet de faire appel à votre intelligence.

Le jour de naissance 7 :

- Energie yang
- Elément eau
- Energie vibratoire forte, lente et intérieure
- Energie créatrice, analytique et introspective à fort potentiel intellectuel et mystique

Le jour de naissance 7, est une vibration très intérieure et introspective.

En règle générale elle apporte un sens de l'analyse important et une forte intuition à celui ou celle qui est né ce jour-là. Votre monde intérieur est vraiment très riche, à se demander parfois, si vous arrivez à vous y retrouver. Une fois à l'intérieur de vous-même, difficile de s'extraire des nombreuses pensées qui vous assaillent.

Auriez-vous une tendance à ruminer, à vous prendre la tête comme on dit, à tourner et retourner chaque chose dans tous les sens, très souvent une question en appelle une autre, on en fini plus dans ces cas-là. On ne peut pas avoir toujours des réponses à nos questions il est vrai.

Comprendre est primordial dans votre vie de tous les jours, commencez d'abord à essayer de comprendre qui vous êtes et ce que vous êtes réellement, pour cela il faut aller au plus profond de votre monde intérieur, afin de développer votre compréhension et votre foi intérieure, vous y découvrirez alors votre potentiel intérieur inné, ce n'est qu'à partir de là, que vous allez pouvoir commencer à vous réaliser comme il se doit. C'est un travail de longue haleine, très certainement de toute une vie, c'est valable pour nous tous d'ailleurs, qui demande rigueur et persévérance, patience et ouverture d'esprit, pour cela certaines méthodes ou domaines moins concrets, plus spirituels ou plus mystiques peuvent vous y aider.

Mais d'abord, évitez de ruminer sans cesse si c'est votre cas, cela fatigue votre mental mais aussi votre physique, vous avez besoin de toute l'énergie nécessaire pour progresser, économisez vos pensées, et débarrassez-vous surtout des mauvaises pensées, celles qui sont inutiles, celles qui vous déprimes, qui vous font vous remettre en question quand cela n'est pas nécessaire, dans ces cas-là l'ego est à sa place, et se permet de vous dicter ce que vous avez à faire. Il n'y a pas de demi-mesure, c'est vous qui décidé de ce que vous devez être au plus profond de vous.

Filtrez vos pensées et faite la part des choses, entre ce qui est bien et ne l'est pas, canalisez votre mental à des fins plus constructives et plus progressistes. Pour cela il vous est proposé d'utiliser vos capacités d'analyse, d'introspection, votre intelligence et votre intuition innée. Quand vous commencerez à comprendre ce que vous êtes à l'intérieur et ce que vous pouvez faire, votre compréhension de l'environnement extérieur sera plus objective et vous permettra d'être en total accord avec ce qui vous entoure.

Il est donc nécessaire que vous ouvriez un peu plus votre esprit, que vous soyez moins entêté et moins rigide, ne vous enfermez pas dans votre tour d'ivoire, accompagné de votre ego. L'enrichissement des connaissances par quelque moyen que ce soit vous est conseillé, les livres, le relationnel, etc…L'enrichissement intellectuel aide au développement intérieur, l'expérience et les épreuves de la vie étant certainement le moteur principal pour évoluer en tant qu'être complet. N'oublions surtout pas l'intuition, qui fait partie de votre potentiel inné, écoutez là, elle ne vous trompera jamais. Que peut-on dire de plus, vous avez un esprit indépendant, et vous vous posez en tant que décideur de vos énergies intérieures, seul guide de vous-même, menant vers une sage démarche. Créatif, vous l'êtes aussi, la créativité fait partie de votre jour de naissance 7, il y a tant de manière de l'être, et si vous n'êtes pas habile de vos mains, alors vous pourriez très bien être un créateur de l'esprit. Le temps est aussi une notion importante à prendre en compte, n'en doutez pas il joue en votre faveur ne le gaspillez pas.

Le défi de votre jour de naissance :

Pas de défi particulier ici, à part d'utiliser à bon escient votre potentiel du jour de naissance 7

Le cadeau de votre jour de naissance :

Pas de cadeau particulier ici, à part d'utiliser à bon escient votre potentiel du jour de naissance 7

Ce qu'il est conseillé de faire : utilisez votre esprit avec tout ce qu'il a à vous offrir, le sens de l'analyse, une intelligence créative, la capacité à développer votre monde intérieur pour vous réaliser, tout cela en faisant preuve de persévérance et de patience.

Ce qu'il n'est pas conseillé de faire : Evitez de vous laisser aller, de trop ruminer, cela peut induire des risques de dépression, n'occultez pas votre foi en vous et ouvrez votre esprit, canalisez votre tendance à l'isolement.

Les relations sentimentales : avec cette vibration ça se passe tout à l'intérieur, difficile de savoir de quoi il retourne, l'affect est cloisonné et a du mal à s'exprimer, pas évident pour le conjoint ou la conjointe, tout dépendra ensuite du reste de votre personnalité et de la personne que vous aurez en face de vous, ainsi que du type de relation.

Vos influences mensuelles : Vous pourrez utiliser votre potentiel le **7**, le **16**, et le **25** de chaque mois de l'année, car ce sont des périodes qui accentuent les potentialités du 7 et favorisent l'apprentissage de cette leçon.
Le jour de naissance 7 est une vibration pure et n'est influencé par aucun autre jour de naissance.

Vos influences annuelles : Vous pourrez utiliser votre potentiel du jour de naissance 7, tous les neuf jours tout au long des 365 jours qui composent une année calendaire.

Votre mois de naissance : chacun des douze mois de l'année accentue et favorise certains aspects de la personnalité, ainsi que certaines actions et évènements pendant la période.
Gardez à l'esprit votre jour de naissance 7 pour nuancer les explications complémentaires de votre mois de naissance.

Si vous êtes né (née) le 7 janvier :

Très indépendant c'est évident, un manque d'ouverture d'esprit, mais une intelligence certaine, c'est imprévisible avec parfois des tensions, des opportunités à saisir, un esprit parfois combatif et volontaire, déterminé, votre esprit est votre moteur.

Si vous êtes né (née) le 7 février :

Favorise le calme et la prise de recul, la méditation, reste fragile sur d'autres plans, santé à surveiller, beaucoup d'intuition et d'émotions à canaliser.

Si vous êtes né (née) le 7 mars :

Favorise la créativité et l'expression en général, assez équilibré dans l'ensemble, favorise les relations amicales, permet de maintenir un bon moral et d'avancer.

Si vous êtes né (née) le 7 avril :

Plutôt constructif en général, à condition de ne pas s'enfermer dans ses pensées, des pensées parfois trop rigides, réussite possible, maitrise des énergies nécessaires et tensions probables.

Si vous êtes né (née) le 7 mai :

Favorise l'évolution intérieure et en général, l'indépendance, l'esprit est plus ouvert et plus aiguisé, plus vif, canalisez l'impulsivité.

Si vous êtes né (née) le 7 juin :

Exigence et perfectionnisme vous caractérise certainement, et vous permet de bien analyser les tenants et les aboutissants pendant cette période. La créativité est aussi favorisée, il est toutefois préférable d'ouvrir un peu plus votre esprit par moment et de ne pas trop vous entêter, ni d'être trop autoritaire, des changements imprévus sont possibles.

Si vous êtes né (née) le 7 juillet :

Ne ruminez pas trop, le mental est un peu trop actif, je vois la fumée d'ici, favorise la recherche et l'analyse en règle générale, un peu de repos ne sera pas de trop non plus.

Si vous êtes né (née) le 7 aout :

Antagoniste, mais avec un peu de réflexion et d'équilibre, ça peut fonctionner sous certains aspects, manque toutefois d'ouverture d'esprit, parfois trop intransigeant, bon pour certaines affaires, évitez les excès.

Si vous êtes né (née) le 7 septembre :

Favorise le coté mystique, le psychisme, l'enrichissement des connaissances, l'enseignement, mais aussi une tendance parfois dépressive, l'attirance pour les paradis artificiels, un mental très actif, induisant parfois des problèmes d'ordre psychologique, il faut rester les pieds sur terre et utiliser ces énergies à bon escient, beaucoup de capacités mentales.

Si vous êtes né (née) le 7 octobre :

Favorise la réflexion, beaucoup d'opportunités et d'imprévus, d'indépendance, une meilleure vision de l'esprit, évitez l'isolement et aller de l'avant.

Si vous êtes né (née) le 7 novembre :

Favorise le plan spirituel, une évolution majeure de l'esprit, les réalisations peuvent être intéressantes dans le temps, mais aussi et suivant le cas le développement de l'ego et de ces aspects dominants.

Si vous êtes né (née) le 7 décembre :

Un potentiel créatif certains, des problèmes de choix et de décisions, développement de l'intelligence, quelques blocages.

Le jour de naissance 8 :

- Energie yin
- Elément terre
- Energie vibratoire forte de type très dynamique et rapide, karmique
- Energie combative et de pouvoir, volontaire et déterminée

Le jour de naissance 8 est une vibration guerrière, combative, déterminée, ambitieuse, votre potentiel de réalisation est immense.

Excalibur est bien affutée, alors pas d'hésitation, partez au combat, équipé de votre pouvoir personnel, qui devra être utilisé à bon escient et dans une juste mesure.

Il faut rester pragmatique et agir concrètement, si vous fuyez la vie, la vie se chargera de vous rappeler votre devoir, ou vos devoirs, un jour 8 ne se prend pas à la légère, en touriste ou en sifflotant gaiement. Quel dynamisme, il va falloir canaliser tout cela bien évidemment, vous avez tant à faire, mais il faudra rester objectif et avoir le sens des réalités et des priorités, c'est tout ou rien en général, ni trop, ni trop peu, le maintien de votre équilibre est primordial. Le pouvoir qui à été mis à votre disposition est important, le tout est de savoir comment l'utiliser en fin de compte, même si vous pensez ne pas en avoir, il existe bel et bien et n'attend que votre volonté pour se déployer, tout va dépendre de qui vous êtes, combatif ou pas, volontaire ou pas, déterminé ou pas, ambitieux ou pas, suivant le cas vous devrez utiliser votre pouvoir personnel d'une manière différente. Combativité donc, volonté et détermination, efficacité, mais aussi parfois intransigeance, autoritarisme, violence et méchanceté suivant le cas. Le plus important au final c'est de prendre conscience, si ce n'est déjà fait de votre potentiel réel inné que vous possédez, tout cela devra être fait dans la mesure et l'équilibre de vos énergies personnelles., comme je l'ai déjà dit, le jour 8 ne vous fera pas de cadeau, retour de bâton oblige, parfois immédiat. Le jour de naissance 8 met à votre disposition, un grand pouvoir de réalisation concret, ce pouvoir concerne essentiellement les aspects matériels et financiers de la vie, mais aussi votre comportement qui demande une certaine justesse, vous en ferez ce que bon vous semblera, construire ou détruire, à vous de voir, dans tous les cas de figure, vous avez le pouvoir de vous réaliser favorablement et même de réussir tout ce que vous entreprendrez. Pour cela un maintien permanent de votre équilibre est nécessaire, car il est facile de basculer dans le côté obscur de la force, comme dirait l'autre…détruire est souvent une solution plus facile, que ce soit au niveau de votre environnement ou même du fait de tomber dans l'auto sabotage.

Le bonheur est à votre portée, transformez vos énergies destructrices, violences, agressivité, domination en énergies créatrices et constructrices, réalisatrices, votre pouvoir intérieur vous demande de passer à l'action de façon mesurée et non pas démesurée.

Organisation, tout comme le jour 4, on retrouve, certains traits et aspects bien spécifiques, l'organisation en fait partie, le jour 8 est la structure à un niveau plus élevé, qui demande beaucoup plus d'efforts encore et surtout d'avoir un esprit combatif pour avancer dans la vie, c'est une vibration qui peut vous apporter une certaine puissance réalisatrice, mais aussi destructrice, comme je vous l'ai déjà expliqué, elle implique un important investissement personnel, et une volonté d'avancer concrètement. Peu importe la façon dont vous progresserez, l'essentiel étant de le faire. Mais ce sera en utilisant de la meilleure façon qui soit votre pouvoir créateur intérieur.

Le défi de votre jour de naissance :

Pas de défi particulier ici, à part d'utiliser à bon escient votre potentiel du jour de naissance 8

Le cadeau de votre jour de naissance :

Pas de cadeau particulier ici, à part d'utiliser à bon escient votre potentiel du jour de naissance 8

Ce qu'il est conseillé de faire : utilisez à bon escient votre volonté combative, dans une approche mesurée et équilibrée, votre pouvoir intérieur à des fins de réalisation concrète et productive, votre confiance en vous est une valeur sure.

Ce qu'il n'est pas conseillé de faire : Evitez tout comportement destructeur que ce soit contre les autres ou contre vous-même, l'intransigeance se paie très cher et la violence mène au chaos.

Les relations sentimentales : l'affect est ici très particulier, car cette vibration ne se prête pas véritablement au domaine sentimental, en général c'est plutôt explosif en réalité et difficile, tout dépendra ensuite du reste de votre personnalité et de la personne que vous aurez en face de vous, ainsi que du type de relation.

Vos influences mensuelles : Vous pourrez utiliser votre potentiel le **8**, le **17**, et le **26** de chaque mois de l'année, car ce sont des périodes qui accentuent les potentialités du 8 et favorise l'apprentissage de cette leçon.
Le jour de naissance 8 est une vibration pure et n'est influencé par aucun autre jour de naissance.

Vos influences annuelles : Vous pourrez utiliser votre potentiel du jour de naissance 8, tous les neuf jours tout au long des 365 jours qui composent une année calendaire.

Votre mois de naissance : chacun des douze mois de l'année accentue et favorise certains aspects de la personnalité, ainsi que certaines actions et évènements pendant la période.
Gardez à l'esprit votre jour de naissance 8 pour nuancer les explications complémentaires de votre mois de naissance.

Si vous êtes né (née) le 8 janvier :

Très volontaire, dynamique et combatif, réussite assurée ou échec suivant la tendance, ego bien présent à canaliser.

Si vous êtes né (née) le 8 février :

Un mélange d'intuition et de sensibilité, de combativité et de détermination, maintenez l'équilibre entre les deux pour avancer favorablement.

Si vous êtes né (née) le 8 mars :

Très dynamique, bon pour les affaires commerciales si vous êtes dans ce domaine, cela reste impulsif et parfois agressif, les énergies doivent être canalisées et maitrisées au mieux.

Si vous êtes né (née) le 8 avril :

Très matérialiste, restrictif, blocages probables, peu d'ouverture, impulsif et intransigeant, nécessite de canaliser les tendances excessives, faire preuve de patience et de persévérance, ne forcez jamais les blocages, adaptez-vous ou contournez les si possible.

Si vous êtes né (née) le 8 mai :

Expansif et très dynamique comme le mois de mars, avec une tendance parfois plus excessive, concerne le domaine de l'argent plus particulièrement, déplacements à surveiller, impulsivité et agressivité à canaliser, attention aux excès.

Si vous êtes né (née) le 8 juin :

Energies matérialistes, harmonie possible mais il faut tempérer l'ensemble, équilibre à maintenir pour éviter les excès, favorise certaines affaires, des tensions possibles.

Si vous êtes né (née) le 8 juillet :

Antagoniste, mais avec un peu de réflexion et d'équilibre, ça peut fonctionner sous certains aspects, manque toutefois d'ouverture d'esprit, parfois trop intransigeant.

Si vous êtes né (née) le 8 aout :

Explosif, difficile à gérer, restez calme surtout, si vous pouvez, ici la gestion du pouvoir quel qu'il soit est difficile et souvent sans concession, canalisez vos énergies personnelles, période délicate.

Si vous êtes né (née) le 8 septembre :

Bonne tendance, seulement sur le plan matériel. Ego à gérer, car plutôt présent, il y a une notion de justice avec ces énergies, c'est puissant dans l'ensemble, opposition à prévoir.

Si vous êtes né (née) le 8 octobre :

Beaucoup de volonté combative, de détermination, réussite possible, si l'ouverture d'esprit et la compréhension sont suffisantes. Risque d'échec avec des périodes fluctuantes, ego à canaliser comme très souvent d'ailleurs.

Si vous êtes né (née) le 8 novembre :

Puissant, si bien maitrisé, grande réussite concrète ou transformation totale de l'individu, sinon comme toujours, ego à gérer, excès à éviter, explosif et difficile à gérer en tout cas.

Si vous êtes né (née) le 8 décembre :

Difficile et conflictuel, des blocages, et des erreurs sur le plan matériel surtout, la gestion du pouvoir devra être faite avec intelligence, prenez du recul, possibilité de réussite.

Le jour de naissance 9 :

- Energie yang
- Elément feu
- Energie vibratoire forte de type dynamique, émotionnelle
- Energie créatrice, humaniste et psychique, universelle

Que d'émotions, ne me dites pas le contraire, je ne vous crois pas, vous êtes aussi un esprit qui voyage au-delà des confins de votre psyché. Le jour de naissance 9 est constitué d'une grande quantité d'énergies créatrices venues de divers horizons, subtiles et raffinées, et parfois plus abruptes et égocentrées, tout dépend comme toujours de la façon dont vous utiliserez votre potentiel du jour de naissance. L'esprit est au centre du jour 9, autant que les émotions, des émotions souvent très difficiles à gérer et à canaliser, qui peuvent vous désorienter et vous déstabiliser dans certaines situations, votre potentiel créateur est fort, mais aussi sensible, un paradoxe, non pas vraiment en réalité, sans émotion, que serions-nous en finalité. Un esprit très riche en effet, ouvert et très voyageur, parfois trop, et vous pouvez vous perdre au cours de vos pérégrinations spirituelles et sans limites. Ou se trouve la frontière entre illusion et réalité en définitive, il vous faut concilier entre esprit voyageur et avoir les pieds sur terre, oui pas simple je sais bien, je suis moi-même né un jour 9. Mais il est possible de garder les pieds sur terre, quand vous partez un peu trop loin…Comment ? C'est simple en fait, faite la part des choses entre illusion et réalité, le temps vous y aidera, il faut faire preuve d'objectivité pour cela. Que vous apporte de plus le jour 9 comme potentiel supplémentaire, un potentiel créatif et artistique important, la possibilité de pouvoir vous réaliser, quasiment dans n'importe quel domaine, grâce à cet esprit voyageur riche de connaissances et d'enseignement, tel un guide éclairé vous pouvez vous réaliser parfois à l'échelle universelle, apportant aide et conseils, humanisme et compréhension universelle. Vous ne serez plus assujetti uniquement à ce que vous êtes, mais ouvert aussi aux énergies extérieures, au monde.

Mais attention, car comme toujours, l'ego veille, il n'est pas question pour lui de se laisser évincer de son piédestal, l'ego aime dominer et diriger, choisir à votre place, induisant, un comportement fait de jalousie, d'égoïsme, d'hypocrisie et de traitrise. Le manque de compréhension des autres et de ce qui vous entoure peut être une épine difficile à enlever, il faut voir les choses et les gens tel qu'ils sont.

Ne laissez pas votre ego reprendre ses droits, c'est vous le guide pas lui, vous êtes votre propre et unique guide intérieur. L'amour est ici pris dans un sens non plus et seulement individuel, mais aussi universel, en relation avec une forte intuition et une forte sensibilité, qui alliées à votre potentiel réalisateur vous permettent d'agir à plus grande échelle, si c'est bien sûr de cette manière que vous souhaitez vous réaliser. Dans le cas d'une réalisation plus personnelle et égocentrée, vous devrez gérer le jour de naissance 9 d'une autre façon et avec certainement plus de problèmes à résoudre, il faut comme toujours trouver le juste équilibre. Votre psychisme vous permet d'accéder à un niveau de conscience très large, et vous permet d'explorer de nombreux horizons et ouvrir cette même conscience à la compréhension universelle des choses, votre champ d'action est vaste, mais attention à ne pas vous perdre dans les méandres d'une psyché parfois torturée, qui pourrait vous mener à un comportement irréaliste. Votre potentiel du jour 9 n'attend plus que vous pour s'exprimer, Vous pourrez ouvrir de nombreuses portes, menant vers des horizons divers et variés, comme une sorte de voyageur intemporel, mais restez les pieds sur terre, ce n'est pas incompatible avec le voyageur que vous êtes.

Le défi de votre jour de naissance :

Pas de défi particulier ici, à part d'utiliser à bon escient votre potentiel du jour de naissance 9

Le cadeau de votre jour de naissance :

Pas de cadeau particulier ici, à part d'utiliser à bon escient votre potentiel du jour de naissance 9

Ce qu'il est conseillé de faire : utilisez cet esprit riche qui vous permet de créer, conceptualiser et réaliser à l'échelle universelle, mais ne vous oubliez pas surtout.

Ce qu'il n'est pas conseillé de faire : Evitez l'égoïsme, à vous perdre dans des pensées illusoires, canalisez vos émotions car elles peuvent prendre le dessus et occulter le sens des réalités, surveillez votre ego.

Les relations sentimentales : très émotif, avec un manque d'objectivité au niveau des relations, les émotions prennent donc trop souvent le dessus, il y a tout de même beaucoup de sensibilité et un peu d'égoïsme aussi, tout dépendra ensuite du reste de votre personnalité et de la personne que vous aurez en face de vous, ainsi que du type de relation.

Vos influences mensuelles : Vous pourrez utiliser votre potentiel le **9**, le **18**, et le **27** de chaque mois de l'année, car ce sont des périodes qui accentuent les potentialités du 9 et favorisent l'apprentissage de cette leçon.
Le jour de naissance 9 est une vibration pure et n'est influencé par aucun autre jour de naissance.

Vos influences annuelles : Vous pourrez utiliser votre potentiel du jour de naissance 9, tous les neuf jours tout au long des 365 jours qui composent une année calendaire.

Votre mois de naissance : chacun des douze mois de l'année accentue et favorise certains aspects de la personnalité, ainsi que certaines actions et évènements pendant la période.

Gardez à l'esprit votre jour de naissance 9 pour nuancer les explications complémentaires de votre mois de naissance.

Si vous êtes né (née) le 9 janvier :

Favorise les projets publics, universels, surveillez l'ego, votre tendance à l'autorité, ou ne vous laissez pas diriger suivant le cas, beaucoup de volonté, quelques tensions aussi à canaliser. A trop vouloir briller parfois…

Si vous êtes né (née) le 9 février :

Tendances incertaines, des remises en questions très probables, l'intuition est à développer, elle est bien présente, elle pourrait vous aider, il y a une grande réceptivité, un moral qui peut fluctuer avec une tendance dépressive suivant le cas.

Si vous êtes né (née) le 9 mars :

Tendances harmonieuses et communicatrices, très créatif, et émotionnel aussi. Beaucoup d'intuition, permet de se réaliser au niveau d'un certain public avec beaucoup de créativité.

Si vous êtes né (née) le 9 avril :

Suivant le cas, des restrictions ou une ouverture possible, fin ou aboutissement de certaines choses, caractère difficile.

Si vous êtes né (née) le 9 mai :

Tendance expansive et évolutive, changement de structure et / ou sur le plan intérieur. Attention aux excès.

Si vous êtes né (née) le 9 juin :

Harmonieux et créatif, mais beaucoup d'émotions. Favorise certains domaines artistiques entre autre chose, canalisez certaines pulsions.

Si vous êtes né (née) le 9 juillet :

Favorise les études ou tout du moins tout ce qui est en rapport avec le mental, mais aussi une tendance à

ruminer, tendances caractérielles, le plan matériel est
fragilisé, des bouleversements parfois à prévoir.

Si vous êtes né (née) le 9 aout :

Favorise le domaine des affaires, la justice, tendance
égocentrée, forte personnalité, réussite ou échec suivant
le cas.

Si vous êtes né (née) le 9 septembre :

Accentue fortement les tensions émotionnelles, le rapport
à autrui est difficile, les voyages, les déplacements sont
parfois favorisés et même conseillés, surveillez votre
santé.

Si vous êtes né (née) le 9 octobre :

Favorise les projets publics, universels, surveillez l'ego,
votre tendance à l'autorité, une plus grande ouverture
d'esprit qui vous permet d'entreprendre certains projets ou
du moins un nouveau cycle sur de nouvelles bases plus
saines.

Si vous êtes né (née) le 9 novembre :

Accentue fortement les tensions émotionnelles et nerveuses, le relationnel est difficile, surveillez votre santé, réussite possible si vos énergies personnelles sont bien maitrisées.

Si vous êtes né (née) le 9 décembre :

Favorise la créativité, l'ego, des remises en questions et des blocages probables, des choix à faire, tensions et émotions sont au rendez-vous, harmonie si l'équilibre est trouvé.

Le jour de naissance 10 :

- Energie yang / masculine
- Elément feu
- Energie vibratoire forte de type dynamique et rapide
- Energie à fort potentiel créatif, réalisateur et affirmé, avec une large vision des choses

Avec le 10 en jour de naissance, nous retrouvons tout ce qui a été dit au niveau du jour de naissance 1, mais à un niveau supérieur, les caractéristiques du jour 1 sont donc ici sensiblement accentuées.

Toutefois, il y a certaines différences, qu'il est nécessaire de mettre en évidence.

Nous pourrions comparer le 10 à un cycle, qui met en avant l'expérience et les acquis des expériences du passé, acquis si les choses on été bien réalisées et les leçons comprises. Si nous partons du constat, que les leçons de la vie ou du moins la plupart ont été comprises et assimilées, alors ce jour de naissance, vous offre un potentiel inné et inestimable, un potentiel créatif encore plus important que celui du 1. Vous pourriez très certainement et pour quelques-uns d'entre vous du moins, avoir des qualités artistiques indéniables, mais ce n'est pas tout, car ce jour vous apporte de nombreuses qualités dans de nombreux domaines et cela est à nuancer suivant le reste de votre personnalité. Votre vision des choses est aussi bien plus large et plus ouverte, l'ego n'est en principe pas vécu de la même façon sauf si, comme je l'ai déjà exprimé, les leçons n'ont pas été apprises, auquel cas il va falloir revoir certains principes fondamentaux de vie et devoir gérer au mieux un ego trop présent. Cette expérience du jour 10, vous apporte donc une volonté de fer, une capacité à vous affirmer et un sens de l'initiative véritablement inné, guidé par votre intelligence, ainsi qu'une intuition très développée, un intellect plus aiguisé. Cette énergie est comme une roue de la destinée, de votre destinée qui tourne au fil et à travers le temps, une roue qui induit parfois des hauts et des bas, des épreuves à dépasser. Cette roue du temps individuelle, vous offre l'opportunité et le savoir nécessaire pour saisir justement les opportunités qui s'offrent à vous. Il peut y avoir parfois des hauts et des bas comme je l'ai déjà exprimé, c'est naturel, mais les périodes de bas doivent servir les périodes de haut, n'oubliez jamais que votre potentiel individuel est très riche, chaque période vous permet de rebondir. Vous avez la faculté de renouveler et de vous renouveler quand cela est nécessaire, vous ne manquez pas d'idée et de bonnes idées. Je parlais de haut et de bas, il vous faudra y faire face tout au long de votre destinée, restez bien ancré, afin de ne pas sortir des rails de la vie, vous avez une forte capacité à vous adapter, utilisez la, car après la tempête viens le beau temps, la vie est faite de changements, de fluctuations et de mouvements, c'est normal, le chaos ne peut être, sans l'ordre et l'ordre ne peux être sans le chaos, c'est une question d'équilibre. Le jour 10 vous permet d'expérimenter, de réaliser, de concrétiser, d'avancer, de renouveler et de réussir par l'expérience des acquis du passé, par votre volonté et votre détermination et surtout par votre confiance en vous. Avancez avec détermination vers votre véritable futur. Entreprendre n'est pas une option pour vous, je vous sens parfois hésitant à prendre certaines décisions et à agir concrètement, n'hésitez pas trop et osez faire, osez agir, osez concrétiser, osez-vous réaliser.

Le défi de votre jour de naissance :

Le défi de votre jour de naissance qui est représenté par le **1**, indique quel genre d'épreuve vous pouvez rencontrer au cours de votre existence et ce qu'il faut relever pour pouvoir avancer et vous réaliser au mieux.
Suivant le cas ce défi indique que vous devriez vous affirmer, avec une volonté et une détermination mesurée, sans vous imposer par la force, ni en voulant vous montrer supérieur aux autres, par excès d'ego ou alors vous manquez peut être cruellement de confiance en vous, bridant ainsi votre potentiel d'affirmation et d'initiative personnelle.

Le cadeau de votre jour de naissance :

Le cadeau de naissance qui est représenté par le **8** vous permet de surmonter votre défi du jour de naissance, en vous apportant certaines qualités et potentialités pour vous réaliser.
Quel que soit votre défi du jour de naissance, il vous est offert la possibilité de le dépasser, en utilisant votre potentiel de réalisation par le succès matériel et le bon équilibre de votre pouvoir personnel, avec justesse et mesure.

Ce qu'il est conseillé de faire : Faite preuve d'initiative personnelle, de volonté et de détermination, soyez le créateur et le leader de votre propre vie. Affirmez-vous avec intelligence, et cultivez votre confiance en vous, vos actions n'en seront que plus justes et porteuses de réussite personnelle et sociale. Votre potentiel créatif est très important et votre vue des choses plus grandes, utilisez cette expérience à bon escient

Ce qu'il n'est pas conseillé de faire : Evitez le laxisme, l'autoritarisme, l'entêtement et surtout le manque de confiance en soi, ce n'est pas une option de choix. La domination, et l'ascendant sur autrui indique un problème sérieux d'ego, qui ne vous servira pas ou du moins dans le mauvais sens, vos actions n'en seraient que plus injustes et inappropriées. Les possibilités d'échecs sont plus importantes ici, faites attention à ne pas abuser de vos prérogatives.

Les relations sentimentales : en général avec ce type de vibrations, c'est souvent assez égoïste à ce niveau, tout dépendra ensuite du reste de votre personnalité et de la personne que vous aurez en face de vous, ainsi que du type de relation. Ne soyez pas trop recentré sur vous et soyez un peu plus à l'écoute de l'autre.

Vos influences mensuelles : Vous pourrez utiliser votre potentiel le **1**, le **10**, le **19** et le **28** de chaque mois de l'année, car ce sont des périodes qui accentuent les potentialités du 1 et favorisent l'apprentissage de cette leçon.

Chaque jour de naissance ayant des caractéristiques complémentaires, reportez-vous au jour de naissance, 1, 19 et 28 pour en savoir plus en complément de votre jour de naissance et vibration fondamentale 10.
Prenez en compte votre défi et cadeau du jour de naissance, pendant ces périodes.

Vos influences annuelles : Vous pourrez utiliser votre potentiel du jour de naissance 10, tous les neuf jours tout au long des 365 jours qui composent une année calendaire.

Prenez en compte votre défi et cadeau du jour de naissance, pendant ces périodes.

Votre mois de naissance : chacun des douze mois de l'année accentue et favorise certains aspects de la personnalité, ainsi que certaines actions et évènements pendant la période.

Gardez à l'esprit votre jour de naissance 10 pour nuancer les explications complémentaires de votre mois de naissance.

Si vous êtes né (née) le 10 janvier :

Période qui favorise l'initiative personnelle et la réalisation de vos projets personnels, mais aussi l'ego, la dualité, les tensions nerveuses, les conflits intérieurs et la dispersion de vos énergies personnelles, agitation probable.

Si vous êtes né (née) le 10 février :

Période qui favorise les associations, mais aussi les oppositions, l'indécision, les problèmes relationnels.

Si vous êtes né (née) le 10 mars :

Période qui favorise la communication, les idées créatives, l'intelligence, le dynamisme. Energies à canaliser car assez dynamiques.

Si vous êtes né (née) le 10 avril :

Période qui favorise la structure de vie, le travail, le foyer, mais aussi les restrictions et les blocages, ouverture possible au niveau de la structure de vie et le travail.

Si vous êtes né (née) le 10 mai :

Période qui favorise le changement et la mobilité, l'expansion, mais aussi l'instabilité et des excès possibles. Energies à canaliser car très dynamiques.

Si vous êtes né (née) le 10 juin :

Période qui favorise les responsabilités, l'harmonie, mais aussi les conflits et les obligations. Bouleversement possible parfois.

Si vous êtes né (née) le 10 juillet :

Période qui favorise la réflexion et l'introspection, l'indépendance, les opportunités, mais aussi l'isolement et des tensions possibles, restez combatif si nécessaire.

Si vous êtes né (née) le 10 aout :

Période qui favorise l'aspect financier, la réussite, mais aussi les litiges et des pertes possibles dans le domaine matériel. Attention aux erreurs, restez objectif.

Si vous êtes né (née) le 10 septembre :

Période qui favorise les activités et les contacts vers un certain public, les conflits d'autorité et les problèmes d'ego. Conflits d'autorité possible. Tout ce qui brille n'est pas or.

Si vous êtes né (née) le 10 octobre :

Période qui favorise les projets et la créativité avec une vision plus large, mais aussi des moments de haut et de bas, d'incertitude. Un nouveau cycle s'ouvre peut être à vous.

Si vous êtes né (née) le 10 novembre :

Période qui favorise la maitrise de certaines énergies intérieures, l'inspiration, mais aussi de fortes tensions et oppositions. Ego à canaliser car très présent.

Si vous êtes né (née) le 10 décembre :

Période qui favorise une grande créativité, par l'utilisation de son intuition et sa sensibilité, mais aussi les erreurs de chemin.

Le jour de naissance 11 :

- Energie yang
- Elément air
- Energie vibratoire de type affirmé et dynamique, puissance réalisatrice
- Energie de maitrise et d'inspiration, grande force de caractère, fortes tensions, spiritualité

Le jour de naissance 11 dégage des énergies puissantes, l'ombre du jour de naissance 2 n'est pas bien loin et permet d'apporter une nuance supplémentaire à la signification du jour 11, ainsi que le jour de naissance 1 qui est ici encore plus accentué, il faudra prendre en compte le jour de naissance 10 aussi. Donc la vibration de naissance 11, contient aussi le jour de naissance 1, 2 et 10.

Parfois et cela en fonction de chaque individu, on s'aperçoit que les énergies oscillent entre jour de naissance 11 et jour de naissance 2, pour quelqu'un bien sur qui est né uniquement le 11.

Qu'apporte le jour 11 en réalité, une autre façon d'être et d'évoluer, mais il subsiste aussi une forte dualité à cause du double 1 et de l'influence du 2, on obtient alors une double dualité en quelque sorte. Tout cela génère parfois de nombreuses oppositions et des conflits, car les vibrations peuvent se heurter les unes aux autres.

Pour vous réaliser avec cette énergie, il est nécessaire d'arriver à avoir une certaine maitrise intérieure, cette maitrise intérieure va vous permettre d'arriver à mieux gérer votre inspiration et votre intuition, que vous pourrez écouter à chaque fois que vous en aurez besoin, en vous y connectant naturellement.

Avant cela il vous faudra pour certains d'entre vous, canaliser les tensions intérieures afin qu'elles ne débordent pas et ne ressortent pas avec violence, le jour 11 induit pas mal de tensions nerveuses et surtout de l'anxiété plus ou moins accentuée suivant le reste de votre personnalité, même si vous ne le faites pas forcément apparaître. Les garder en vous ne fera aussi qu'accentuer les frustrations et un certain mal être. Vous pouvez afin de vous réaliser favorablement rediriger ces énergies vers certaines activités sociaux-professionnelles, qui vous permettront d'utiliser votre leadership naturel, dans une entreprise de vie qui vous correspond au mieux. Cette vibration met à votre disposition, la capacité à vous guider au travers de votre inspiration intuitive, ce cheminement effectué à travers cette capacité, vous pourriez selon votre souhait être vous-même un guide pour les autres.

En écoutant votre inspiration intuitive, vous y gagneriez, à minimiser les aspects les plus noirs de votre être, assujettis parfois au désir d'exercer votre pouvoir et votre ascendant sur les autres, uniquement pour arriver à vos fins et servir probablement des ambitions inavouées.

L'intelligence est une des caractéristiques de cette vibration, qu'il vous faudra mettre au service d'une volonté et d'une détermination mesurée pour évoluer favorablement dans la vie. Canalisez vos tensions émotionnelles et gardez l'esprit clair, vous possédez un pouvoir de réalisation insoupçonné et pour certaines personnes, une capacité de clairvoyance, voire de médiumnité. Mais ce n'est pas donné à tout le monde, car le niveau de réceptivité de chacun est différent. Un flot d'énergie vibratoire, oui c'est bien cela, qu'il est nécessaire de canaliser par moment, parfois comme une marée imprévisible qui prend possession de votre territoire intérieur, un territoire qui se retrouve submergé par des sensations et des émotions contradictoires ou tout simplement vous offrant l'opportunité d'utiliser vos talents. Vécu à haut niveau ou pas, le jour de naissance 11 met à votre disposition tout un panel de facultés, que vous seul pourrez maitriser selon votre souhait. N'abusez pas toutefois de ce potentiel, tenté que vous seriez, de prendre l'ascendant ou de vouloir manipuler tout un chacun, suffisamment faible pour s'incliner devant vous. Si choisir la voie d'un guide n'est pas votre tasse de thé, essayez au moins d'être votre propre guide spirituel, car de ce point de vue le jour 11 est très approprié pour ceux qui souhaite s'élever spirituellement, pour ceux qui serait éloigné de ce domaine, il vous est proposé de vous orienter tout de même vers d'autres formes de réussite plus concrète. Il est aussi nécessaire de canaliser votre ego par moment, car avec un double 1, vous aimez briller pour certains d'entre vous, quitte à en oublier la réalité de la vie, trouver l'équilibre est primordial, et tout comme le jour 8, vous détenez un pouvoir personnel et une force de réalisation évidente, qu'il vous faudra utiliser à bon escient.

Le défi de votre jour de naissance :

Pas de défi particulier ici, à part d'utiliser à bon escient votre potentiel du jour de naissance 11

Le cadeau de votre jour de naissance :

Pas de cadeau particulier ici, à part d'utiliser à bon escient votre potentiel du jour de naissance 11

Ce qu'il est conseillé de faire : Faites preuve d'initiative personnelle, de volonté et de détermination, soyez le créateur et le leader de votre propre vie. Affirmez-vous avec intelligence, et cultivez votre confiance en vous, vos actions n'en seront que plus justes et porteuses de réussite personnelle et sociale. La maitrise de votre inspiration intuitive vous mènera vers des réalisations élevées, même si elles restent personnelles et intérieures.

Ce qu'il n'est pas conseillé de faire : Evitez le laxisme, l'autoritarisme, l'entêtement et surtout le manque de confiance en soi, ce n'est pas une option de choix. La domination, et l'ascendant sur autrui indique un problème sérieux d'ego, qui ne vous servira pas ou du moins dans le mauvais sens, vos actions n'en seraient que plus injustes et inappropriées et l'utilisation de votre pouvoir personnel mal employé.

Les relations sentimentales : c'est un peu comme avec le jour de naissance 1, il y a une accentuation des tendances égoïstes et égocentrée, avec une propension à vouloir et maintenir l'ascendant sur l'autre ou les autres, mais si vous utilisez votre sensibilité inspirée, il y a possibilité d'entente, tout dépendra ensuite du reste de votre personnalité et de la personne que vous aurez en face de vous, ainsi que du type de relation.

Vos influences mensuelles : Vous pourrez utiliser votre potentiel le **2**, le **11**, le **20** et le **29** de chaque mois de l'année, car ce sont des périodes qui accentuent les potentialités du 2 et favorisent l'apprentissage de cette leçon, ainsi que de la leçon 2.
Chaque jour de naissance ayant des caractéristiques complémentaires, reportez-vous au jour de naissance, 1, 2 et 10 pour en savoir plus en complément de votre jour de naissance et vibration fondamentale 11. Prenez en

compte votre défi et cadeau du jour de naissance, pendant ces périodes.

Vos influences annuelles : Vous pourrez utiliser votre potentiel du jour de naissance 11, tous les neuf jours tout au long des 365 jours qui composent une année calendaire. Prenez en compte votre défi et cadeau du jour de naissance, pendant ces périodes.

Votre mois de naissance : chacun des douze mois de l'année accentue et favorise certains aspects de la personnalité, ainsi que certaines actions et évènements pendant la période.
Gardez à l'esprit votre jour de naissance 11 pour nuancer les explications complémentaires de votre mois de naissance.

Si vous êtes né (née) le 11 janvier :

Favorise la volonté et la détermination, les entreprises personnelles et professionnelles, mais aussi, les tensions intérieures, l'agitation et l'anxiété, l'autoritarisme, l'impulsivité et l'agressivité, la colère. Favorise l'intelligence et la réalisation des projets personnels.

Si vous êtes né (née) le 11 février :

Favorise le développement de l'intuition, la sensibilité, mais aussi les énergies dualitaires et conflictuelles, les frustrations intérieures, l'impulsivité, les sautes d'humeur. Favorise la réceptivité, des associations possibles.

Si vous êtes né (née) le 11 mars :

Favorise la réussite de certains projets, c'est très dynamique, voire parfois un peu trop, il faut canaliser l'ensemble pour éviter les confrontations. Très créatif aussi et progressiste.

Si vous êtes né (née) le 11 avril :

Énergies difficiles à canaliser, oppositions, conflits, blocages probables, réussite concrète suivant les cas, canalisez les tensions et ouvrir un peu plus son esprit.

Si vous êtes né (née) le 11 mai :

Favorise l'évolution et le développement en général, énergie puissante et très dynamique, comme toujours à canaliser, pour éviter l'impulsivité et l'agressivité ainsi que les tendances caractérielles. Bouleversements imprévus possibles.

Si vous êtes né (née) le 11 juin :

Favorise la créativité et la réussite artistique ou dans d'autres domaines, conflits possibles suivant la tendance. Une certaine combativité et des protections possibles.

Si vous êtes né (née) le 11 juillet :

Favorise les transformations intérieures, l'intuition, conflits possibles, forte introspection, intransigeance. Il faut rester les pieds sur terre, l'esprit est très sollicité.

Si vous êtes né (née) le 11 aout :

Puissant c'est le moins que l'on puisse dire, réussite concrète possible suivant les cas, ça reste très explosif, difficile à contrôler, impulsif et parfois violent. Conflit d'autorité, favorable aux projets, canaliser l'ego.

Si vous êtes né (née) le 11 septembre :

Conflictuel, fortes oppositions, difficultés en général, canaliser ces émotions. Forte réceptivité et sensibilité à canaliser, impatience, émotivité, favorise les projets vers un public. Le mental est sollicité.

Si vous êtes né (née) le 11 octobre :

Conflictuel, fortes oppositions, dualités, difficultés en général, canaliser ces émotions. Agitation et forte anxiété, projets créatifs favorisés, belles évolution possible, énergies à canaliser.

Si vous êtes né (née) le 11 novembre :

Conflictuel, fortes oppositions, difficultés en général, canaliser ces émotions. Assez dualitaire, les énergies sont puissantes et identiques, tendances dépressives parfois, violences.

Si vous êtes né (née) le 11 décembre :

Conflictuel, fortes oppositions, difficultés en général, canaliser ces émotions. Développement de l'intelligence, créativité, instabilité, mais progression et expansion possible, Impulsif.

Le jour de naissance 12 :

- Energie yang et yin
- Elément feu et eau
- Energie vibratoire de type mitigé, dynamique et limitative
- Energie créatrice et communicatrice, sensibilité et réceptivité, blocages intérieur, épreuves à dépasser

Le jour de naissance 12 apporte des énergies très spécifiques, il contient les fondements du jour de naissance 3, mais aussi du jour 1, 2 et 10. Voilà un vaste choix de potentiel à étudier de très près.

Le jour 12 représente en quelque sorte l'homme et la femme, marchant côte à côte sur le chemin de l'expression, une expression abordée d'une autre manière, avec une certaine dualité, des oppositions, car le principe masculin et féminin s'accorde et s'oppose en même temps. Un problème pour vous exprimer, cela arrive, dans votre cas plus souvent peut-être, à cause de cette dualité intérieure induite par les deux principes fondamentaux déjà cités. Vous ressentez parfois un blocage intérieur qui vous empêche par moment d'avancer et d'utiliser votre créativité avec son plein potentiel, car des conflits internes sont encore présents. Ne soyez pas trop timide ou sur la réserve, utilisez votre partie masculine pour dynamiser la partie féminine et utilisez la partie féminine pour adoucir la partie masculine.

Il vous faut, si vous le souhaitez, restaurer le dialogue entre ces deux influences, pour réharmoniser et débloquer vos énergies personnelles. Auriez-vous une tendance au doute et à l'indécision, à une réalité parfois déformée, qui peut induire des erreurs de chemin, les choix ne sont jamais simples. Votre vision du couple est peut-être illusoire ou du moins pas simple, votre sensibilité intuitive peut vous défaire de ce sentiment. L'erreur est humaine et il faut l'accepter mais n'en faites pas une habitude, réglez vos antagonismes, et soyez vigilant quant à vos relations professionnelles et personnelles. Utilisez votre capacité à juger les choses telles qu'elles sont.

Utilisez votre potentiel créateur d'une part et votre expérience de la vie, en associant votre capacité intuitive pour pouvoir exprimer ce que vous êtes en réalité, car vous savez convaincre quand cela est nécessaire. L'expérience encore une fois n'est pas à négliger et pourrait bien vous être utile sur la façon de gérer vos antagonismes et vos hésitations, vous avez toutes les énergies nécessaires pour vous réaliser, nul besoin d'aller chercher de l'aide ailleurs, tout est en vous et n'attend plus que d'être exploiter. Avec tout ce potentiel il ne reste plus qu'à exprimer l'être complet que vous êtes, débarrassé des conflits intérieurs bloquants vos réalisations. Il vous suffit d'apprendre à écouter ce que vous dit votre intuition, diriger vos capteurs vers votre moi profond, pour ensuite les diriger vers l'extérieur, vers les autres. Votre potentiel vous permet une belle progression de vie, mais il faudra surtout achever ce que vous entreprendrez, en apprenant de la vie et en acceptant ces épreuves. Pour cela vous pourrez faire appel à votre potentiel inné, fait de créativité, de volonté et d'intuition, en harmonisant cet ensemble d'énergies, tant de chose sont possibles, faites-vous confiance, soyez actif et restez positif, évitez de vous sacrifier, il est temps d'avancer.

Le défi de votre jour de naissance :

Le défi de votre jour de naissance qui est représenté par le **1**, indique quel genre d'épreuve vous pouvez rencontrer au cours de votre existence et ce qu'il faut relever pour pouvoir avancer et vous réaliser au mieux.
Suivant le cas ce défi indique que vous devriez vous affirmer, avec une volonté et une détermination mesurées, sans vous imposer par la force, ni en voulant vous montrer supérieur aux autres, par excès d'ego ou que vous manquez cruellement de confiance en vous, bridant ainsi votre potentiel d'affirmation et d'initiative personnelle.

Le cadeau de votre jour de naissance :

Le cadeau de naissance qui est représenté par le **8** vous permet de surmonter votre défi du jour de naissance, en vous apportant certaines qualités et potentialités pour vous réaliser.

Quel que soit votre défi du jour de naissance, il vous est offert la possibilité de le dépasser, en utilisant votre potentiel de réalisation par le succès matériel et le bon équilibre de votre pouvoir personnel.

Ce qu'il est conseillé de faire : Faites preuve d'initiative personnelle, de volonté et de détermination, soyez le créateur et le leader de votre propre vie. Affirmez-vous avec sensibilité, utilisez votre potentiel créateur et votre intuition, induit par votre part masculine et votre part féminine, l'intuition profonde et votre sensibilité vous permettront d'équilibrer vos énergies personnelles.

Ce qu'il n'est pas conseillé de faire : évitez d'être trop souvent indécis, quant à la direction à prendre pour votre vie, restez les pieds sur terre. Evitez à votre ego de prendre le pas sur votre sensibilité, ce qui pourrait occulter votre intuition et vous empêcher d'avancer concrètement.

Les relations sentimentales : Tout comme le jour 3 il peut y avoir harmonie sentimentale, mais ici il y a aussi, dualité, opposition et conflits relationnels très probables, tout dépendra ensuite du reste de votre personnalité et de la personne que vous aurez en face de vous, ainsi que du type de relation.

Vos influences mensuelles : Vous pourrez utiliser votre potentiel le **3**, le **12**, le **21** et le **30** de chaque mois de l'année, car ce sont des périodes qui accentuent les potentialités du 3 et favorisent l'apprentissage de cette leçon, ainsi que des leçons 1 et 2.

Chaque jour de naissance ayant des caractéristiques complémentaires, reportez-vous au jour de naissance, 3, 21 et 30 pour en savoir plus en complément de votre jour de naissance et vibration fondamentale 12. Prenez en compte votre défi et cadeau du jour de naissance, pendant ces périodes.

Vos influences annuelles : Vous pourrez utiliser votre potentiel du jour de naissance 12, tous les neuf jours tout au long des 365 jours qui composent une année calendaire. Prenez en compte votre défi et cadeau du jour de naissance, pendant ces périodes.

Votre mois de naissance : chacun des douze mois de l'année accentue et favorise certains aspects de la personnalité, ainsi que certaines actions et évènements pendant la période.

Gardez à l'esprit votre jour de naissance 12 pour nuancer les explications complémentaires de votre mois de naissance.

Si vous êtes né (née) le 12 janvier :

Favorise les décisions et l'initiative personnelle, la créativité, les projets, les partenariats, mais aussi une certaine dualité, voire des duels, des tensions intérieures et extérieures, le relationnel est dans l'opposition et la complémentarité en même temps, il faut trouver l'équilibre si difficile à obtenir.

Si vous êtes né (née) le 12 février :

Favorise les partenariats, les décisions et peut être plus souvent l'indécision, là aussi, c'est duel et opposition, mais il faut comme toujours utiliser votre sensibilité et votre intuition, il faut canaliser les tensions et les émotions pour pouvoir avancer, relationnel difficile, équilibre fragile.

Si vous êtes né (née) le 12 mars :

Très créatif, les énergies en présence peuvent être très complémentaires, suivant une ligne évolutive. Maintenez l'équilibre comme toujours et attention à ne pas vous disperser.

Si vous êtes né (née) le 12 avril :

La période est plus lente et restrictive, des blocages à prévoir, l'initiative personnelle est ralenti, il faut faire preuve de patience et de persévérance, favorise certains aspects concrets.

Si vous êtes né (née) le 12 mai :

Évolutif et expansif, mais il y a toujours quelques petits blocages ici et là, il faut éviter autant que possible les excès et l'instabilité, freinez et modérez ces élans pour pouvoir avancer favorablement. Un peu impatient et impulsif aussi dans l'ensemble.

Si vous êtes né (née) le 12 juin :

Favorise la créativité, une certaine harmonie relationnelle et familiale, affective, période de responsabilité et de choix, quelques conflits et une certaine lourdeur dans les tâches quotidiennes sont possibles, c'est une bonne période pour réunir la famille au complet.

Si vous êtes né (née) le 12 juillet :

Favorise la prise de recul et l'introspection, une certaine lenteur et parfois du laisser-aller, il faut prendre patience, ça reste toutefois très créatif, et n'empêche pas d'avancer.

Si vous êtes né (née) le 12 aout :

Favorise la volonté combative, les actions déterminées, les affaires, l'ego, restez prudent, attention aux excès, quelques restrictions possibles, réussite possible.

Si vous êtes né (née) le 12 septembre :

Favorise les aspects universels, le domaine public, des remises en question probables, des tensions émotionnelles à prévoir, c'est aussi très créatif.

Si vous êtes né (née) le 12 octobre :

Favorise les décisions et l'initiative personnelle, la créativité, les projets, les partenariats, mais aussi une certaine dualité, voire des duels, des tensions intérieures et extérieures, le relationnel est dans l'opposition et la complémentarité en même temps, il faut trouver l'équilibre difficile à obtenir, c'est aussi la possibilité de nouvelles ouvertures et d'un changement positif.

Si vous êtes né (née) le 12 novembre :

Favorise la maitrise des énergies en présence, l'intuition et l'inspiration bien développées, sinon tensions intérieures importantes, oppositions, agitation et dispersion possibles.

119

Si vous êtes né (née) le 12 décembre :

Favorise la créativité, l'intuition, l'esprit d'initiative, est aussi assez dualitaire et opposé, des blocages et des erreurs possibles. Agitation et dispersion d'énergies probables.

Le jour de naissance 13

- Energie yang
- Elément feu
- Energie vibratoire de type dynamique et ouverte
- Energie créative et de transformation concrète et intérieure, transformation radicale

Le jour de naissance 13 est influencé par les jours 1, 3, 4 et 10 mais ce sont les caractéristiques spéciales du jour 13 qui vous animent. Mais avant toute chose, il est important de dire et de comprendre que le 13 n'est pas un nombre maléfique, ou porteur de mauvaises énergies, ceci n'est que superstition. Il faut savoir que chaque jour de naissance ou nombre est en général porteur des deux énergies positives et négatives, c'est ce que nous en faisons qui définit le résultat final en fonction de notre comportement. Le 13 est très souvent associé à la mort, mais c'est surtout une mort symbolique et initiatique, liée à une transformation intérieure ou matérielle majeure dont il s'agit en réalité et le plus souvent. Le jour 13 indique que ce qui est coupé, repousse, mais pour cela il faut penser à arroser, son petit jardin intérieur.

Avant tout le jour 13 vous propose de tourner la page sur certaines choses, certains schémas de pensées, certaines situations et parfois certaines personnes, qui ne sont plus utiles à votre évolution et on même tendance à la bloquer, regardez devant vous et non plus derrière vous. Il faut parfois faire le deuil de ce qui n'est plus et ne doit plus être, et qui pourrait contrarier votre évolution.

Le jour 13 vous apporte aussi une volonté et une détermination créatrice importante, une vision plus élevée des choses de par l'expérience qu'il possède et les énergies dont il est constitué. Au-delà de ça et de ces fondements liés au jour 4, déjà expliqué par ailleurs, il vous apporte, la capacité de vous réaliser de par un potentiel créatif important, par cette volonté qui vous anime de pouvoir et de vouloir vous réaliser avec une plus grande ouverture d'esprit dans la structure de vie et sociale en général. Ici, les cadres ne sont ni vécus ni abordés de la même manière que le jour de naissance 4, mais avec plus de dynamisme et de volonté créatrice, vous restez volontaire et déterminé, mais dans une dynamique de progression créative, qui ouvre d'autres horizons, et font tomber certaines barrières et certains schémas de pensées révolus depuis bien longtemps. Votre capacité à construire est plus ouverte et plus appropriée à notre société moderne, qui demande un certain dynamisme et qui ne souffre d'aucun délai et moins de restriction, ce qui vous confère une structure mentale bien plus homogène et adaptée. Ici c'est la volonté et la détermination créative, qui domine et non pas l'entêtement ni l'intransigeance ancestrale. Bien sûr vous êtes parfois peut-être un peu trop sur vos rails, comme souvent avec une influence en jour 4, et il faut apprendre à relever la tête un peu, pour voir ce qui se passe tout autour de vous, vous avez tant d'énergie à canaliser, votre potentiel créatif est bien là, et il faut l'exprimer pleinement. Tel le Phoenix renaissant de ses cendres, le potentiel du jour 13 vous propose de renouveler tout ce qui doit l'être, à certaines périodes de votre vie, durant certains cycles, cela vous permettra de repartir à chaque fois sur des bases nouvelles et bien plus saines. N'ayez crainte, il ne faut pas hésiter à faire et à refaire le ménage, quel que soit le moment ou la saison. Le ménage se fait à tous les niveaux, et en fonction de vos besoins personnels, de vos envies et de vos désirs, parfois par obligations, trop de poussière encrasse, et avec le temps rend plus difficile le nettoyage, n'attendez pas trop pour vous réaliser, car à chaque étape que vous aurez sauté, ce sera plus difficile, mais avec un peu d'entrainement vous deviendrez un expert en nettoyage d'énergies.

Le défi de votre jour de naissance :

Le défi de votre jour de naissance qui est représenté par le **2**, indique quel genre d'épreuves vous pouvez rencontrer au cours de votre existence et ce qu'il faut relever pour pouvoir avancer et vous réaliser au mieux. Suivant le cas ce défi indique que vous êtes trop prudent dans vos associations ou dans l'union, très exigeant, trop dépendant des autres ou trop soumis, tout ce qui a trait à la collaboration, vous pose problème, que ce soit en vous impliquant un peu trop ou en fuyant la notion de collaboration en général.

Le cadeau de votre jour de naissance :

Le cadeau de naissance qui est représenté par le **7** vous permet de surmonter votre défi du jour de naissance, en vous apportant certaines qualités et potentialités pour vous réaliser.
Quel que soit votre défi du jour de naissance, il vous est offert la possibilité de le dépasser, en utilisant l'enrichissement personnel par la recherche de connaissance.

Ce qu'il est conseillé de faire : faire preuve de détermination et de volonté, mises au service de votre potentiel créateur, restez ouvert et avancez concrètement.

Ce qu'il n'est pas conseillé de faire : évitez d'avoir un esprit trop entêté et borné, trop impulsif et autoritaire.

Les relations sentimentales : cette vibration peut apporter, stabilité, harmonie et une grande volonté de construire une relation durable, attention au caractère, arrondissez les angles, mais il faudra toutefois devoir se séparer des relations passées, pour repartir sur quelque chose de nouveau et de sain, tout dépendra ensuite du reste de votre personnalité et de la personne que vous aurez en face de vous, ainsi que du type de relation.

Vos influences mensuelles : Vous pourrez utiliser votre potentiel le **4**, le **13**, le **22** et le **31** de chaque mois de l'année, car ce sont des périodes qui accentuent les potentialités du 4 et favorise l'apprentissage de cette leçon, ainsi que des leçons 1 et 3.
Chaque jour de naissance ayant des caractéristiques complémentaires, reportez-vous au jour de naissance, 4, 22 et 31 pour en savoir plus en complément de votre jour de naissance et vibration fondamentale 13. Prenez en compte votre défi et cadeau du jour de naissance, pendant ces périodes.

Vos influences annuelles : Vous pourrez utiliser votre potentiel du jour de naissance 13, tous les neuf jours tout au long des 365 jours qui composent une année calendaire. Prenez en compte votre défi et cadeau du jour de naissance, pendant ces périodes.

Votre mois de naissance : chacun des douze mois de l'année accentue et favorise certains aspects de la personnalité, ainsi que certaines actions et évènements pendant la période.
Gardez à l'esprit votre jour de naissance 13 pour nuancer les explications complémentaires de votre mois de naissance.

Si vous êtes né (née) le 13 janvier :

Favorise la créativité, la communication, la détermination et la volonté, certains changements possible d'ordre personnel, canalisez les énergies et l'ego, restez patient, évitez l'impulsivité et la dispersion d'énergie, ouvrez votre esprit.

Si vous êtes né (née) le 13 février :

Favorise le développement de l'intuition, les partenariats, la créativité, indécision et oppositions possibles, changement possible dans l'union ou les associations.

Si vous êtes né (née) le 13 mars :

Très créatif et dynamique, favorise la communication, dispersion d'énergies probable, évitez l'impulsivité et l'autosatisfaction, l'égoïsme.

Si vous êtes né (née) le 13 avril :

Favorise la créativité dans le domaine concret, permet de construire des choses durables, des changements possibles sur le plan concret, impulsivité à éviter, restez patient et persévérant, mais parfois un peu rigide.

Si vous êtes né (née) le 13 mai :

Favorise l'expansion, beaucoup de changement en perspective, évitez les excès et l'impulsivité, ça reste assez dynamique dans l'ensemble et permet d'avancer concrètement, quelques blocages possibles.

Si vous êtes né (née) le 13 juin :

Très créatif, favorise certains domaines sociaux et artistiques, harmonie et équilibre possible, stabilité, des obligations et des responsabilités, amour, famille et foyer. Des changements possibles dans certains domaines.

Si vous êtes né (née) le 13 juillet :

Très créatif ici aussi, favorise, l'indépendance, l'introspection, l'intelligence, ouvrir un peu plus son esprit, ça reste constructif dans l'ensemble.

Si vous êtes né (née) le 13 aout :

Très dynamique, favorise la volonté combative, la réussite dans certains domaines concrets, beaucoup d'énergie et d'ego à canaliser. Possibilité de changement sur le plan concret et financier, des restrictions probables et des difficultés.

Si vous êtes né (née) le 13 septembre :

Favorise la créativité, le domaine artistique et public, les tensions émotionnelles, canaliser l'ego, changement possible sur le plan spirituel, changement de concept, quelques difficultés possibles.

Si vous êtes né (née) le 13 octobre :

Favorise la créativité, la communication, la détermination et la volonté, certains changements possibles d'ordre personnel et au niveau des projets, canalisez les énergies et l'ego, restez patient, évitez l'impulsivité et la dispersion d'énergie. Nouvelle vision des choses probables, changement parfois important, nouvelle vie suivant le cas.

Si vous êtes né (née) le 13 novembre :

Favorise l'élévation, sur le plan spirituel, changements importants possibles, attention à bien gérer l'ego, des tensions et frustrations intérieures, maitriser les énergies en présence, réussite ou échec possible.

Si vous êtes né (née) le 13 décembre :

Favorise la créativité, l'intuition, la recherche intérieure, évitez les erreurs de chemin, des choix et des décisions à faire et à prendre, conflits et difficultés relationnelles possibles. Changements importants possibles sur plusieurs plans de conscience, période transitionnelle.

Le jour de naissance 14 :

- Energie yang et yin
- Elément feu et terre
- Energie vibratoire forte de type mitigé
- Energie solide, restrictive, volontaire et déterminée, recherche d'équilibre, instabilité

Le jour de naissance 14 est influencé par le jour 5, mais aussi par le jour 1,4 et 10.

Il y a ici la nécessité de trouver l'équilibre et de tempérer son comportement et ses actions. L'influence du jour 5 est ici plus structurée, et le libre arbitre plus limité, avec plus de cadres. L'initiative et la spontanéité sont ralenties et mises en balance, ça reste moins ouvert. Je dirais que vous êtes assez impulsif et que vous manquez parfois d'ouverture d'esprit, il y a comme je le disais un équilibre à trouver et à maintenir entre liberté d'action et structure. Les énergies bloquent parfois votre initiative personnelle et vous empêchent d'utiliser votre potentiel réalisateur. Ne soyez pas trop obstiné et entêté, osez l'aventure tout en restant mesuré dans vos actes. Pour cela il va falloir dépasser certains schémas trop anciens et trop ancrés en vous, qui vont générer des oppositions à vos réalisations. Il n'est nullement question d'annihiler les cadres fondamentaux, mais de les élargir par la force de votre seule volonté, pour surmonter ces obstacles, aventurez-vous dans d'autres contrées inexplorées, qui sont encore en friches et qui n'attendent que votre visite. Votre progression n'en sera que plus souple, car débarrassée de vos contradictions et de vos frustrations intérieures. Votre comportement est parfois en dualité, opposé et versatile, c'est dû à vos antagonismes fondamentaux, qui génèrent chez vous de l'instabilité et certains excès, excès parfois canalisés par peur justement de l'excès. Tout cela vous apporte la possibilité d'avancer comme vous le souhaitez au final et à votre rythme, à partir du moment où vous aurez trouvé la configuration mentale qui vous convient le mieux. Encore une fois, c'est l'expérience de la vie qui va vous donner les outils nécessaires à votre évolution personnelle, la possibilité de par les énergies contenues dans le jour 14 de mieux structurer votre démarche exploratrice, et d'élargir vos cadres, qui pour certains sont révolus. Détermination et volonté de progression sont mises à votre disposition, avec une bonne latitude de mouvement. L'adaptabilité est une façon de vous positionner dans la vie, elle sera mise à l'essai à la cour de votre existence.

D'autre part votre mental à tendance à tourner à toute vitesse, et cela peut générer un comportement impulsif, avec des tensions émotionnelles certaines. Pour rester dans une démarche progressiste, il va vous falloir rester constant en toute chose, maintenir l'équilibre, et vous organiser de façon à ce que les choses soient encadrées, car par moment les excès vous guettent. Bien canalisez vos énergies peuvent vous mener loin.

Le défi de votre jour de naissance :

Le défi de votre jour de naissance qui est représenté par le **3**, indique quel genre d'épreuve vous pouvez rencontrer au cours de votre existence et ce qu'il faut relever pour pouvoir avancer et vous réaliser au mieux.
Suivant le cas ce défi indique que vous avez peut-être des problèmes pour communiquer, pour vous exprimer, un blocage physique ou mental qui vous empêche de vous exprimer dans les meilleures conditions, ou parce que, à l'inverse vous avez une tendance, a trop en faire, trop parler, à vous disperser en brassant de l'air inutilement.

Le cadeau de votre jour de naissance :

Le cadeau de naissance qui est représenté par le **6** vous permet de surmonter votre défi du jour de naissance, en vous apportant certaines qualités et potentialités pour vous réaliser.
Quel que soit votre défi du jour de naissance, il vous est offert la possibilité de le dépasser, en utilisant votre potentiel d'amour personnel et de responsabilité.

Ce qu'il est conseillé de faire : prenez l'initiative de restructurer vos cadres et votre être intérieur, en lui accordant la liberté d'action qu'il mérite. Rééquilibrez vos énergies de façon à pouvoir explorer d'autres régions…tout en restant mesuré.

Ce qu'il n'est pas conseillé de faire : Evitez les excès et canalisez votre ego, qui ne vous apportera finalement, que restriction, blocage et entêtement, il est un frein à votre évolution.

Les relations sentimentales : les tendances du jour 5 sont ici, plus cadrées et plus limitées, mais cela reste instable relationnellement, quelques frustrations à prévoir, il faut se libérer des tensions intérieures, votre sexualité suivant le cas pourrait être, soit trop carrée ou trop dans tous les sens, trouvez l'équilibre, tout dépendra ensuite du reste de votre personnalité et de la personne que vous aurez en face de vous, ainsi que du type de relation.

Vos influences mensuelles : Vous pourrez utiliser votre potentiel le **5**, le **14**, et le **23** de chaque mois de l'année, car ce sont des périodes qui accentuent les potentialités du 5 et favorisent l'apprentissage de cette leçon, ainsi que des leçons 1 et 4.
Chaque jour de naissance ayant des caractéristiques complémentaires, reportez-vous au jour de naissance, 5 et 23 pour en savoir plus en complément de votre jour de naissance et vibration fondamentale 14. Prenez en compte votre défi et cadeau du jour de naissance, pendant ces périodes.

Vos influences annuelles : Vous pourrez utiliser votre potentiel du jour de naissance 14, tous les neuf jours tout au long des 365 jours qui composent une année calendaire. Prenez en compte votre défi et cadeau du jour de naissance, pendant ces périodes.

Votre mois de naissance : chacun des douze mois de l'année accentue et favorise certains aspects de la personnalité, ainsi que certaines actions et évènements pendant la période.
Gardez à l'esprit votre jour de naissance 14 pour nuancer les explications complémentaires de votre mois de naissance.

Si vous êtes né (née) le 14 janvier :

Favorise l'indépendance et l'initiative personnelle, progression possible, mais dispersion d'énergie, impulsivité, manque d'ouverture, entêtement, maintenir l'équilibre pour avancer sur le plan personnel et concret.

Si vous êtes né (née) le 14 février :

Favorise les accords et les partenariats, maintenir l'équilibre pour avoir la stabilité souhaitée, écoutez votre intuition, tendance parfois fragile.

Si vous êtes né (née) le 14 mars :

Favorise la créativité et la communication, l'expansion est possible, maintenir l'équilibre pour cela, permet d'ouvrir les énergies en présence.

Si vous êtes né (née) le 14 avril :

Favorise les aspects concrets de la vie, stabilité, construction, maintenir l'équilibre pour cela, évitez l'intransigeance, ouvrir son esprit, impulsion et impulsivité à contrôler, instabilité probable, des restrictions probables, des blocages.

Si vous êtes né (née) le 14 mai :

Favorise les changements, les déplacements, le mouvement en général, l'évolution à condition de maintenir l'équilibre, évitez les excès, l'instabilité et l'impulsivité. C'est assez excessif par moment, restez prudent, des changements possibles.

Si vous êtes né (née) le 14 juin :

Favorise, la vie familiale et le foyer, la structure de vie personnelle, le travail, une certaine harmonie à condition de trouver l'équilibre, parfois conflictuel, des antagonismes dans les énergies.

Si vous êtes né (née) le 14 juillet :

Favorise l'évolution sur le plan mental et intérieur, beaucoup d'indépendance, maintenir l'équilibre qui peut être plus fragile encore, manque d'ouverture dans l'ensemble, caractériel, mais constructif et progressiste.

Si vous êtes né (née) le 14 aout :

Favorise les aspects concrets de la vie, matérialisme, argent, maintenir l'équilibre et rester mesuré, évitez l'intransigeance, la rigidité, l'agressivité, la violence, les excès, beaucoup d'énergies à canaliser, restez prudent.

Si vous êtes né (née) le 14 septembre :

Favorise l'aboutissement de certaines choses, mais aussi la fin de certaines choses, sur le plan intérieur et concret, la structure en général, difficultés relationnelles possibles, évolution et changement possible.

Si vous êtes né (née) le 14 octobre :

Favorise l'indépendance et l'initiative personnelle, progression possible, mais dispersion d'énergie, impulsivité, maintenir l'équilibre pour avancer sur le plan personnel et concret. Permet une vision plus large des choses, nouveau cycle, des changements possibles.

Si vous êtes né (née) le 14 novembre :

Favorise la réussite à condition de maintenir l'équilibre et de bien maitriser vos énergies personnelles, évitez les tendances dominatrices et égocentrées, pas mal de tensions à canaliser, réfléchissez avant d'agir.

Si vous êtes né (née) le 14 décembre :

Favorise les aspects concrets et plus intérieur, à condition de maintenir l'équilibre, et de faire les bons choix, prenez les bonnes décisions afin d'éviter les erreurs de chemin, progression possible.

Le jour de naissance 15 :

- Energie yang
- Elément feu et air
- Energie vibratoire forte de type dynamique et rapide.
- Energie passionnée, expansive, impulsive, instable, à forte pulsions

Le jour de naissance 15, à comme influence le jour 6, mais aussi le jour 1, 5 et 10.

Nous allons donc retrouver les caractéristiques de toutes ces vibrations.

Par rapport au jour de naissance 6 pur, le jour 15 apporte d'autres types d'énergies vibratoires supplémentaires, et beaucoup plus de dynamisme dans la personnalité, une plus grande force de caractère, du charisme et du magnétisme.

Nous retrouvons des caractéristiques telles que, la volonté et la détermination, l'autorité, l'indépendance et la liberté d'action, l'adaptabilité, la découverte, mais aussi la passion, les pulsions et les excès.

Point d'hésitation ici, il faut vous bouger et prendre les choses en mains, pas le temps de vous apitoyer sur vous-même, et d'attendre que les choses tombent toutes cuites, vous avez suffisamment de volonté et de dynamisme pour cela. Il n'est nullement question de vous soumettre non plus à qui que ce soit ou à quoi que ce soit, vous restez seul juge de votre comportement et décideur de votre destin.

Conciliant vous l'êtes aussi, mais attention, il ne faut pas vous faire marcher dessus, il y a des limites à ne pas dépasser, trop gentil trop…comme on dit. Explorez et partez à la découverte comme le jour de naissance 5, mais attention restez mesuré dans vos actes, il faut être une personne responsable, la liberté d'agir et le libre arbitre dont vous disposez, n'inclut pas d'outrepasser certaines règles de vie. A ce propos, il vous sera parfois nécessaire de canaliser certaines de vos pulsions, qui pourront prendre en fonction de votre personnalité différentes formes, la tentation doit être contrôlée, car avec un jour de naissance 15, il est très facile de basculer. Ne vous laissez pas mener par vos passions à l'extrême, car elles sont parfois brulantes et pourrait vous consumer. Seriez-vous attiré par l'argent ? Le sexe ? La luxure ? Les excès de toutes natures Non, non bien sûr, je plaisante, quoi que parfois et pour certaines personnes…

En tout cas vous pouvez être déterminé et très volontaire, pouvant mener à bien vos projets sans aucune difficulté, accompagné par une passion mesurée et motivante. Avec cette vibration, vos rêves peuvent prendre forme concrètement, si vous restez dans la mesure bien évidemment. Les choix à faire doivent être pris sans hésitation aucune, mais aussi sans impulsivité. Un potentiel certain, est mis en évidence avec le jour 15, mesure ou démesure, à vous de choisir sur quel chemin vous souhaitez vous réaliser, la démesure vous apportera peut-être plus de passion et de profit, mais la chute sera dure, tout pacte se paie très cher, et l'on ne peut revenir en arrière. Si vous choisissez la mesure, alors le potentiel du jour 15 reste entier, et vous permettra en tant que personne responsable, de vous réaliser plus harmonieusement. Beaucoup de créativité est mis à votre disposition, dans beaucoup de domaine, faite en bon usage, au foyer comme au travail, ne vous laissez pas aller, démotivé ou trop tenté, surveillez vos ambitions et modérez vos actions et vos pensées pour pouvoir vous réaliser positivement.

Le cadeau de votre jour de naissance :

Le cadeau de naissance qui est représenté par le **4** vous permet de surmonter votre défi du jour de naissance, en vous apportant certaines qualités et potentialités pour vous réaliser.
Quel que soit votre défi du jour de naissance, il vous est offert la possibilité de le dépasser, en utilisant votre capacité à construire des choses stables dans la durée, avec ordre et méthode.

Le cadeau de votre jour de naissance :

Le cadeau de naissance qui est représenté par le **5** vous permet de surmonter votre défi du jour de naissance, en vous apportant certaines qualités et potentialités pour vous réaliser.
Quel que soit votre défi du jour de naissance, il vous est offert la possibilité de le dépasser, en utilisant votre capacité d'adaptation aux changements, à la croissance et à l'expansion de vos projets.

Ce qu'il est conseillé de faire : Faite preuve d'initiative personnelle, de volonté et de détermination, restez adaptable à toutes les situations, menez vos projets à bien, maintenez l'harmonie à tous les niveaux et utilisez votre pouvoir à bon escient.

Ce qu'il n'est pas conseillé de faire : Evitez les excès, ils peuvent vous mener loin, trop loin, l'impulsivité, les comportements ambigus et à risque, l'abus de liberté se paye parfois très cher.

Les relations sentimentales : mélange entre le jour 5 et 6, avec une tendance aux pulsions et aux désirs sexuels, voire à la passion amoureuse, c'est très dynamique de ce point de vue, attention aux excès, restez dans l'harmonie, tout dépendra ensuite du reste de votre personnalité et de la personne que vous aurez en face de vous, ainsi que du type de relation.

Vos influences mensuelles : Vous pourrez utiliser votre potentiel le **6**, le **15**, et le **24** de chaque mois de l'année, car ce sont des périodes qui accentuent les potentialités du 6 et favorise l'apprentissage de cette leçon, ainsi que des leçons 1 et 5.
Chaque jour de naissance ayant des caractéristiques complémentaires, reportez-vous au jour de naissance, 6 et 24 pour en savoir plus en complément de votre jour de naissance et vibration fondamentale 15. Prenez en compte votre défi et cadeau du jour de naissance, pendant ces périodes.

Vos influences annuelles : Vous pourrez utiliser votre potentiel du jour de naissance 15, tous les neuf jours tout au long des 365 jours qui composent une année calendaire. Prenez en compte votre défi et cadeau du jour de naissance, pendant ces périodes.

Votre mois de naissance : chacun des douze mois de l'année accentue et favorise certains aspects de la personnalité, ainsi que certaines actions et évènements pendant la période.
Gardez à l'esprit votre jour de naissance 15 pour nuancer les explications complémentaires de votre mois de naissance.

Si vous êtes né (née) le 15 janvier :

Favorise l'indépendance et la liberté d'agir, l'action individuelle, les projets, gérez les pulsions et les impulsions, la passion, évitez les excès en tous genre, en plus de l'excès d'ego. Plutôt dynamique, canalisez les énergies.

Si vous êtes né (née) le 15 février :

Favorise l'action individuelle, ainsi que les partenariats, le domaine affectif, canalisez les pulsions, respectez l'autre, maintenez une certaine harmonie dans les associations en général.

Si vous êtes né (née) le 15 mars :

Favorise l'expansion, le domaine des relations sociales, la communication, beaucoup d'impulsivité à canaliser, l'égoïsme, le paraître, forte pulsion, très dynamique et très créatif.

Si vous êtes né (née) le 15 avril :

Favorise les actions concrètes, les projets plus structurés, le travail, gérez l'impulsivité, l'entêtement, construction durable possible.

Si vous êtes né (née) le 15 mai :

Favorise l'expansion, les changements, le mouvement, très impulsif, évitez les excès et la dispersion de vos énergies, l'agressivité et l'imprudence.

Si vous êtes né (née) le 15 juin :

Favorise les passions, la sexualité, les projets familiaux, gardez la mesure en toute chose, ambiance parfois un peu lourde et conflictuelle.

Si vous êtes né (née) le 15 juillet :

Favorise l'évolution sur le plan mental, booste l'intelligence, attention aux excès comme d'habitude, à l'impulsivité, aux exigences parfois excessives.

Si vous êtes né (née) le 15 aout :

Favorise les transactions dans le domaine des affaires, l'argent, attention aux excès de comportement, à une certaine violence, restez prudent.

Si vous êtes né (née) le 15 septembre :

Favorise les changements de structure, physique et spirituelle, évitez les excès, et les paradis artificiels, créatif aussi, des tensions émotionnelles probables.

Si vous êtes né (née) le 15 octobre :

Favorise l'indépendance et la liberté d'agir, l'action individuelle, les projets, gérez les pulsions et les impulsions, la passion, évitez les excès en tous genre, en plus de l'excès d'ego. Plutôt dynamique, canalisez les énergies. Nouveau cycle qui se présente, de nouvelles possibilités, des hauts et des bas possibles.

Si vous êtes né (née) le 15 novembre :

Favorise la maitrise de ses pulsions et passions cachées ou à l'inverse l'excès en toutes choses, la démesure totale, obligation de canaliser les énergies en présence.

Si vous êtes né (née) le 15 décembre :

Favorise une forme de créativité, mais beaucoup de conflits et d'oppositions, des erreurs de chemin à méditer, c'est très créatif aussi.

Le jour de naissance 16 :

- Energie yang et yin
- Elément feu et terre
- Energie vibratoire forte de type bouleversement
- Energie créatrice, caractérielle et instable, bouleversement important

Le jour de naissance 16, est influencé par le jour 1, le jour 6, le jour 7 et le 10.

Le potentiel est important, mais apporte conflits et difficultés, d'un point de vue intérieur et extérieur à cause d'un mental très actif et pas toujours positif, vos énergies sont un peu conflictuelles, manquant d'ouverture, très exigeant avec vous-même, vous l'êtes aussi avec certaines personnes, vous dégagez aussi une certaine froideur apparente, ainsi qu'une modestie apparente du moins pour certains d'entre vous, bien conscient de vos valeurs. De la volonté vous en avez, elle est parfois bridée ou stoppée par un manque de dynamisme, induite très souvent par un moral qui fluctue et manque de constance, votre dynamique d'action est donc fortement ralentie durant certaines périodes. Votre être intérieur est souvent chamboulé, car en réflexion permanente, votre mental est très actif mais pas toujours dans le bon sens, même si le jour 16 vous apporte uns sens de l'analyse évident et une capacité de réflexion importante.

Comme avec le jour 7, il va falloir canaliser ce mental, qui est ici plus acéré dans sa démarche de réflexion, cela induit inévitablement, un comportement parfois impulsif et colérique, qui fait de vous une personne peu ou prou caractérielle.

Tout cela manque d'ouverture d'esprit, votre tour d'ivoire est plutôt solide, et inattaquable ou presque, vous recherchez peut-être la perfection, ou alors vous êtes perfectionniste. Il en découle un relationnel souvent difficile, pour les personnes seules c'est moins grave, pour les autres ça reste plutôt coton, car vous êtes quelqu'un d'irritable, entêté et obtus. Pour soigner tout ça, ce ne sera pas une promenade de santé, le temps seulement et seulement le temps et une grande volonté et le souhait d'évoluer vous apporteront le succès, ou bien tout simplement une évolution spirituelle majeure à un moment donné de votre vie, pourquoi pas.

Une psyché pour le moins compliquée et bien fournie c'est le moins que l'on puisse dire.

Il y a en effet un antagonisme au niveau de vos énergies intérieures, pas facile de trouver l'équilibre dans tout ce fatras, d'où une certaine torture mentale.

Il est donc nécessaire d'assembler toutes ces différences et en faire des complémentarités, des atouts, votre potentiel est un potentiel exigeant et qui exige beaucoup de vous, parfois intransigeant et trop sérieux. Il faudra donc revoir certains de vos schémas de pensées, tout comme le jour 13 mais avec une approche différente, liée à une volonté de construire ou de reconstruire ces schémas, il faudra pour cela très certainement, faire l'impasse sur les vieilles fondations de votre esprit, peut être tout raser, tout détruire symboliquement bien sûr, pour réorganiser l'ensemble des énergies vers plus d'harmonie intérieure. Ce travail fait, vous irez vers l'utilisation essentielle de votre potentiel réalisateur, qui est conçu à partir de puissantes capacités mentales, mais parfois destructrices. D'autre part, ce mental peut-être mis au service d'une forte créativité, qui n'est pas forcément la même qu'avec un jour 3 ou 30 ou même 31, mais qui existe bel et bien en vous. Tout se situe ou presque au niveau de votre mental, ce qui vous apporte une certaine logique des choses, avec un bon raisonnement, à vous d'éviter de vous compliquer la vie et de la rendre plus compliquée aux autres, il faut mériter l'intérêt que vous porte les autres en étant plus souple et conciliant, plus à l'écoute de votre sensibilité, il ne sert à rien d'être toujours sous tension ou en ébullition mentale, harmonisez et rééquilibrez vos énergies personnelles pour avancer concrètement.

Le défi de votre jour de naissance :

Le défi de votre jour de naissance qui est représenté par le **5**, indique quel genre d'épreuve vous pouvez rencontrer au cours de votre existence et ce qu'il faut relever pour pouvoir avancer et vous réalisez au mieux.
Suivant le cas ce défi indique une propension à vouloir découvrir les plaisirs de la vie, à user à l'excès de votre liberté personnelle, sans modération aucune, ou tout simplement en refusant de vous adapter à toute sorte de changement, induisant des excès et de l'instabilité.

Le cadeau de votre jour de naissance :

Le cadeau de naissance qui est représenté par le **4** vous permet de surmonter votre défi du jour de naissance, en vous apportant certaines qualités et potentialités pour vous réaliser.
Quel que soit votre défi du jour de naissance, il vous est offert la possibilité de le dépasser, en utilisant votre capacité à construire des choses stables dans la durée, avec ordre et méthode.

Ce qu'il est conseillé de faire : Utilisez votre volonté, votre détermination, votre réflexion, votre douceur et votre créativité, le tout devra être harmonisé et concilié au mieux de vos énergies personnelles, en relation avec votre être intérieur et le monde extérieur.

Ce qu'il n'est pas conseillé de faire : Evitez l'intransigeance, l'irritabilité chronique, de vous croire au-dessus des autres et surtout meilleur, travaillez sur vos frustrations intérieures et vos antagonismes pour rééquilibrer tout ça, arrêtez de lustrer votre ego.

Les relations sentimentales : même type d'influence que le jour 7, avec en plus une notion de conflits et de frustrations intérieures difficiles à canaliser, les relations sentimentales sont assez difficiles, tout dépendra ensuite du reste de votre personnalité et de la personne que vous aurez en face de vous, ainsi que du type de relation.

Vos influences mensuelles : Vous pourrez utiliser votre potentiel le **7**, le **16**, et le **25** de chaque mois de l'année, car ce sont des périodes qui accentuent les potentialités du 7 et favorise l'apprentissage de cette leçon, ainsi que des leçons 1 et 6.
Chaque jour de naissance ayant des caractéristiques complémentaires, reportez-vous au jour de naissance, 7 et 25 pour en savoir plus en complément de votre jour de naissance et vibration fondamentale 16. Prenez en compte votre défi et cadeau du jour de naissance, pendant ces périodes.

Vos influences annuelles : Vous pourrez utiliser votre potentiel du jour de naissance 16, tous les neuf jours tout au long des 365 jours qui composent une année calendaire. Prenez en compte votre défi et cadeau du jour de naissance, pendant ces périodes.

Votre mois de naissance : chacun des douze mois de l'année accentue et favorise certains aspects de la personnalité, ainsi que certaines actions et évènements pendant la période.
Gardez à l'esprit votre jour de naissance 16 pour nuancer les explications complémentaires de votre mois de naissance.

Si vous êtes né (née) le 16 janvier :

Favorise les responsabilités en général, mais aussi les contraintes, les obligations et les tensions personnelles, bouleversement possible, caractère difficile et entêté.

Si vous êtes né (née) le 16 février :

Favorise les partenariats, les responsabilités, fragilité sur le plan affectif, conflits et bouleversement possible, caractère difficile, des délais à prévoir et des remises en questions.

Si vous êtes né (née) le 16 mars :

Favorise les aspects créatifs et artistiques, la communication, bouleversement possible dans ce domaine.

Si vous êtes né (née) le 16 avril :

Favorise les aspects concrets, le foyer et la famille, la structure de vie, c'est peu dynamique mais une certaine stabilité, quelque peu rigide tout de même, bouleversement possible dans ce domaine.

Si vous êtes né (née) le 16 mai :

Favorise une certaine évolution intérieure, bouleversement et changement possible positif suivant le cas, ça reste impulsif.

Si vous êtes né (née) le 16 juin :

Favorise les changements sur le plan familial et sentimental, mais aussi les obligations et les lourdes responsabilités, conflits possibles, des choix à faire, beaucoup d'exigence.

Si vous êtes né (née) le 16 juillet :

Favorise l'introspection et la réflexion, évitez le perfectionnisme exagéré, c'est exigeant et caractériel, conflictuel, bouleversements intérieurs importants probables.

Si vous êtes né (née) le 16 aout :

Favorise certaines affaires, une forme de réussite, égo à canaliser, bouleversement concret.

Si vous êtes né (née) le 16 septembre :

Favorise le domaine artistique et social, les aspects universels, beaucoup d'émotion à canaliser, jalousie, ego, bouleversement probable, le mental est encore plus actif.

Si vous êtes né (née) le 16 octobre :

Favorise le renouveau, bouleversement d'une période et sur le plan personnel possible, une nouvelle vie suivant le cas.

Si vous êtes né (née) le 16 novembre :

Favorise la réussite, si la maitrise des énergies personnelles est bien gérée, bouleversement important sur le plan spirituel probable, beaucoup de tensions intérieures à canaliser, ego difficile.

Si vous êtes né (née) le 16 décembre :

Favorise les changements et les résolutions, c'est combatif et conflictuel, il faut avancer avec beaucoup de volonté et éviter les erreurs de chemin, forte transition possible.

Le jour de naissance 17 :

- Energie yang
- Elément feu et eau
- Energie vibratoire forte de type mitigé et analytique.
- Energie créatrice, volontaire et déterminée, protectrice, combative

Le jour de naissance 17 est influencé par le jour 1, 7, 8 et 10.

Vous allez donc retrouver toutes les caractéristiques du jour de naissance 8, mais avec les énergies du jour 17 qui vous apportent un acquis au niveau matériel et spirituel en principe, en plus d'un esprit logique.

La vibration du jour 17 est un peu particulière, elle est symboliquement liée à la notion de chance, ou du moins des opportunités à saisir qui pourraient être nombreuses, et aussi à une certaine protection des énergies. Vous êtes donc en partie constitué par tout cela. Mais il faut rester comme toujours juste et mesuré dans ses actes.

L'avantage du jour 17 par rapport au jour 8, si l'on peut parler davantage, c'est qu'il vous apporte plus de réflexion et tempère en principe certains aspects un peu abrupt du jour 8, mais cela sera en fonction de votre personnalité globale.

Plus de réflexion, si elle est bien utilisée, permet de prendre le recul nécessaire avant d'agir, vos actions n'en seront que plus justes, et le résultat plus probant.

On retrouve bien évidemment les qualités fondamentales, qui vont vous permettre de vous réaliser avec succès, la volonté combative et mesurée, une bonne gestion de tous les aspects concrets de la vie, mais restez objectif et ne soyez pas naïf. Avec le jour de naissance 17, nous avons à faire à un guerrier expérimenté, sachant manier non seulement le glaive avec brio, mais aussi le verbe avec intelligence. C'est tout votre pouvoir intérieur que vous allez utiliser concrètement avec efficacité, un pouvoir de réalisation important, même s'il n'est pas réalisé sur le plan concret, pour certains, vous pouvez l'utiliser autrement et d'un point de vue de votre être intérieur. Ce pouvoir est votre potentiel, il peut parfois provenir de votre lignée, de vos ancêtres masculins. Mais une chose est sure, ce potentiel fait partie de vos acquis du passé, de votre expérience personnelle, des épreuves de la vie. Utilisé à mauvais escient, ce pouvoir personnel, peut aussi vous mener à la réussite, mais à quel prix, la chute n'en serait que plus dure. L'intransigeance est un des écueils à éviter, ainsi que les tendances dominatrices, la réussite sociale à tout prix et quel que soit le prix, à vous de voir. N'hésitez pas à combattre vos démons intérieur, à brandir l'épée du courage, à consolider votre confiance en vous, ne sabotez pas ce pouvoir si durement acquis, concrétisez, réalisez, construisez. Parfois confronté à l'autorité sous toutes ses formes et peut-être aussi parfois à celle de votre ego, votre potentiel personnel vous permettra d'être à la hauteur des exigences et des contingences de la vie. Saisissez les opportunités qui se présenteront à vous, et celles que vous aurez provoquées, après avoir semé, il sera temps pour vous de récolter. Votre potentiel est un mélange de combativité, de l'union entre la matière et l'esprit, de volonté et de détermination qui vous permet d'avancer vers la réussite de vos projets, vous n'êtes pas non plus dénué d'intuition, ni d'intelligence d'ailleurs, à vous d'utiliser toutes ces qualités à bon escient pour vous réaliser.

Le défi de votre jour de naissance :

Le défi de votre jour de naissance qui est représenté par le **6**, indique quel genre d'épreuve vous pouvez rencontrer au cours de votre existence et ce qu'il faut relever pour pouvoir avancer et vous réaliser au mieux.
Suivant le cas ce défi indique que vous êtes enclin à un excès de responsabilité, induisant un comportement possessif, et autoritaire, intolérant et perfectionniste, ou alors vous êtes une personne trop tolérante, trop conciliante, qui accepte tout et ne sait dire non, croulant sous les obligations, parfois non souhaitées.

Le cadeau de votre jour de naissance :

Le cadeau de naissance qui est représenté par le **3** vous permet de surmonter votre défi du jour de naissance, en vous apportant certaines qualités et potentialités pour vous réaliser.
Quel que soit votre défi du jour de naissance, il vous est offert la possibilité de le dépasser, en utilisant vos capacités créatives, d'expression et de communication.

Ce qu'il est conseillé de faire : C'est votre pouvoir personnel qu'il vous faut utiliser, un pouvoir personnel de réalisation important, apporté par le jour de naissance 17 qui vous tend les bras, il existe n'en doutez pas, allez-y, regardez au fond de vous, soyez confiant en votre potentiel inné, votre esprit est un allié puissant et réfléchi.

Ce qu'il n'est pas conseillé de faire : Evitez de fuir vos responsabilités ou évitez l'arrivisme, évitez d'utiliser votre pouvoir personnel à des fins dominatrices, au service d'un ego démesuré.

Les relations sentimentales : même influence que le jour de naissance 8, ça reste explosif, mais surtout très indépendant et égocentré, tout dépendra ensuite du reste de votre personnalité et de la personne que vous aurez en face de vous, ainsi que du type de relation.

Vos influences mensuelles : Vous pourrez utiliser votre potentiel le **8**, le **17**, et le **26** de chaque mois de l'année, car ce sont des périodes qui accentuent les potentialités du 8 et favorisent l'apprentissage de cette leçon, ainsi que des leçons 1 et 7.

Chaque jour de naissance ayant des caractéristiques complémentaires, reportez-vous au jour de naissance 8 et 26 pour en savoir plus en complément de votre jour de naissance et vibration fondamentale 17. Prenez en compte votre défi et cadeau du jour de naissance, pendant ces périodes.

Vos influences annuelles : Vous pourrez utiliser votre potentiel du jour de naissance 17, tous les neuf jours tout au long des 365 jours qui composent une année calendaire. Prenez en compte votre défi et cadeau du jour de naissance, pendant ces périodes.

Votre mois de naissance : chacun des douze mois de l'année accentue et favorise certains aspects de la personnalité, ainsi que certaines actions et évènements pendant la période.

Gardez à l'esprit votre jour de naissance 17 pour nuancer les explications complémentaires de votre mois de naissance.

Si vous êtes né (née) le 17 janvier :

Favorise l'indépendance, la volonté d'avancer dans les projets, en ayant le recul nécessaire, tendance à l'isolement parfois, à la réflexion, réussite probable, ego à surveiller.

Si vous êtes né (née) le 17 février :

Favorise la réussite dans les partenariats, une certaine combativité mesurée et réfléchie, parfois instable.

Si vous êtes né (née) le 17 mars :

Favorise l'expression de certains projets, certaines affaires, la communication est très importante, beaucoup d'énergies à canaliser, évitez de vous disperser, créatif.

Si vous êtes né (née) le 17 avril :

Favorise les projets concrets, c'est constructif sur le long terme, fait de méthodologie et d'organisation réfléchie, ça reste un peu rigide et fermé, ouvrir son esprit, évitez l'intransigeance, des blocages à prévoir.

Si vous êtes né (née) le 17 mai :

Favorise le changement et une certaine évolution, c'est plus dynamique et expansif, canalisez l'ego, évitez certains excès, l'impulsivité, l'agressivité.

Si vous êtes né (née) le 17 juin :

Favorise les responsabilités à tous les niveaux, un certain équilibre est possible, ainsi qu'une certaine harmonie générale, maintenir l'équilibre.

Si vous êtes né (née) le 17 juillet :

Favorise le mental, l'introspection, évitez l'isolement, de ruminer, et de vous enfermer, prise de recul nécessaire.

Si vous êtes né (née) le 17 aout :

Favorise certaines affaires, murement réfléchi, évitez l'intransigeance et l'agressivité, parfois explosif.

Si vous êtes né (née) le 17 septembre :

Favorise tout ce qui touche à l'esprit, beaucoup de réflexion et d'introspection, de remous intérieurs, assez caractériel, favorise certaines affaires.

Si vous êtes né (née) le 17 octobre :

Favorise l'indépendance, la volonté d'avancer dans les projets, en ayant le recul nécessaire, tendance à avoir des hauts et des bas parfois, réussite probable, ego à surveiller. La vision des choses est plus large et plus ouverte, des changements positifs peuvent avoir lieu.

Si vous êtes né (née) le 17 novembre :

Favorise une certaine réussite, une combativité inspirée, la maitrise des énergies est primordiale pour avancer, des tensions importantes à prévoir parfois, égo à surveiller, parfois explosif.

Si vous êtes né (née) le 17 décembre :

Favorise certains projets, avec de l'instabilité, de la fragilité, des délais et des retard, indécision, ego à surveiller.

Le jour de naissance 18 :

- Energie yang et yin
- Elément feu et terre
- Energie vibratoire forte de type dynamique et intuitive
- Energie combative et affirmée, occultisme et irréalité, sensibilité et réceptivité

Le jour de naissance 18 est aussi influencé par le jour de naissance 1, 8, 9 et 10.

Nous avons donc les caractéristiques du jour de naissance 9 entre autre chose.

Malgré une forte dynamique et beaucoup de volonté combative, les tensions émotionnelles restent présentes, et difficile à canaliser. Beaucoup de sensibilité au service de vos élans combatifs et réalisateurs, entreprendre ne vous fait pas peur, vous avez les moyens pour cela, la stature, le physique et aussi le mental, vous êtes plutôt bien équipé pour réussir ce que vous entreprenez. Il vous faudra restez vigilant quant aux autres, car c'est souvent de là que viendront les déceptions et les trahisons, ne vous faites pas trop d'illusions, votre potentiel rend jaloux, mais ne l'êtes-vous pas vous-même un peu aussi parfois. Vous êtes un grand canalisateur d'énergies de croissance, et cela vous permet de construire à grande échelle, à l'échelle universelle pourquoi pas, qui peut vous arrêter en fin de compte, une autorité peut être, mais vous n'en êtes pas dépourvu non plus vous-même, alors pas de soucis à ce niveau-là en principe.

Ouvrez donc vos énergies pour les diriger vers le monde, les autres, sans toutefois vous oublier, mais comme toujours, il faut commencer par vous-même, regardez à l'intérieur, au plus profond de vous, affutez donc votre épée de justice universelle, attention tout de même à ne pas vous prendre pour un Don Quichotte, si jamais, revoyez vos priorités à la baisse et évitez de taper dans le vide, revenez sur terre, le voyage lune / terre ne prend pas beaucoup de temps. Pour vous réaliser concrètement restez bien ancré sur notre belle planète bleue, il y a tant à faire. N'écoutez pas votre ego, il vous ferait faire n'importe quoi, voyagé à l'intérieur ou à l'extérieur de vous sans destination précise, au gré de ses envies et de ses tribulations psychiques. Votre potentiel, vous permet d'utiliser et de réunir vos capacités fondamentales, volonté, détermination, combativité, efficacité, sensibilité émotionnelle, réceptivité tout cela encadré par un esprit qui devra être des plus objectif qui soit, une bonne perception de la réalité est primordiale et nécessaire, pour avancer sur le terrain du jour de naissance 18.

Pour cela, il vous faudra faire ressortir tout ce qui est caché au fond de vous, et tenter d'apercevoir tout ce qui se cache autour de vous. Vous serez confronté aux autres tout au long de votre vie, les luttes sont inévitables, mais votre intuition est là pour vous guider. Mais attention à votre imagination parfois débordante, l'univers qui vous habite est très vaste, vous vous y perdez d'ailleurs quelques fois, mais votre vivacité d'esprit est là pour vous en sortir et reprendre vos esprits. Regardez les choses en face et ne soyez pas trop critique envers les autres, personne n'est parfait, votre émotivité vous joue des tours, canalisez vos énergies personnelles afin de vous réaliser positivement.

Le défi de votre jour de naissance :

Le défi de votre jour de naissance qui est représenté par le **7**, indique quel genre d'épreuve vous pouvez rencontrer au cours de votre existence et ce qu'il faut relever pour pouvoir avancer et vous réaliser au mieux.
Suivant le cas, ce défi indique une tendance à l'isolement intérieur, avec une certaine difficulté à exprimer les choses et ses sentiments, ou à vouloir s'enfermer dans sa tour d'ivoire, avec une apparente humilité, qui cache en réalité, parfois un ego démesuré, de l'égoïsme et du perfectionniste, un sens critique, il est nécessaire de s'ouvrir à la compréhension de soi et des autres.

Le cadeau de votre jour de naissance :

Le cadeau de naissance qui est représenté par le **2** vous permet de surmonter votre défi du jour de naissance, en vous apportant certaines qualités et potentialités pour vous réaliser.

Quel que soit votre défi du jour de naissance, il vous est offert la possibilité de le dépasser, en utilisant votre intuition et votre réceptivité, et certaines de vos capacités mentales, d'écoute et de compréhension.

Ce qu'il est conseillé de faire : soyez et restez lucide en toute occasion, utilisez votre sensibilité émotionnelle au service de votre volonté combative, de votre désir de réussite parfois à l'échelle universelle.

Ce qu'il n'est pas conseillé de faire : Ne vous laissez pas dominer par votre hyperémotivité, ni par les autres, et encore moins par votre égo, parfois trop présent.

Les relations sentimentales : l'influence du jour 9 est présente, avec en plus une forte tendance à la sensibilité, et aussi à l'illusion d'une relation idéalisée, l'ego est aussi présent, les relations ne sont pas simples, tout dépendra ensuite du reste de votre personnalité et de la personne que vous aurez en face de vous, ainsi que du type de relation.

Vos influences mensuelles : Vous pourrez utiliser votre potentiel le **9**, le **18**, et le **27** de chaque mois de l'année, car ce sont des périodes qui accentuent les potentialités du 9 et favorise l'apprentissage de cette leçon, ainsi que des leçons 1 et 8.

Chaque jour de naissance ayant des caractéristiques complémentaires, reportez-vous au jour de naissance 9 et 27 pour en savoir plus en complément de votre jour de naissance et vibration fondamentale 18. Prenez en compte votre défi et cadeau du jour de naissance, pendant ces périodes.

Vos influences annuelles : Vous pourrez utiliser votre potentiel du jour de naissance 18, tous les neuf jours tout au long des 365 jours qui composent une année calendaire. Prenez en compte votre défi et cadeau du jour de naissance, pendant ces périodes.

Votre mois de naissance : chacun des douze mois de l'année accentue et favorise certains aspects de la personnalité, ainsi que certaines actions et évènements pendant la période.
Gardez à l'esprit votre jour de naissance 18 pour nuancer les explications complémentaires de votre mois de naissance.

Si vous êtes né (née) le 18 janvier :

Favorise la combativité, la volonté et la réussite, la détermination, la capacité à se réaliser par soi-même, bien gérer l'ego par contre.

Si vous êtes né (née) le 18 février :

Favorise les projets et les partenariats publics, les associations, les remises en question et certaines tensions à canaliser, restez combatif mais mesuré.

Si vous êtes né (née) le 18 mars :

Favorise les projets très créatifs et de communication au sein d'un public spécifique, c'est dynamique, gérez l'ego car les énergies sont puissantes.

Si vous êtes né (née) le 18 avril :

Favorise les actions concrètes, c'est restrictif et parfois intransigeant, quelques blocages à prévoir.

Si vous êtes né (née) le 18 mai :

Favorise l'expansion des projets, cela promet une bonne évolution, c'est dynamique et très impulsif, canalisez les excès.

Si vous êtes né (née) le 18 juin :

Favorise l'harmonie et les responsabilités, mais induit des tensions nerveuses et émotionnelles.

Si vous êtes né (née) le 18 juillet :

Favorise l'introspection, la réflexion, c'est assez puissant au niveau de l'ego, restez vigilant.

Si vous êtes né (née) le 18 aout :

Favorise une grande combativité, beaucoup de détermination, ego surdimensionné, tendances excessives à canaliser, violence possible.

Si vous êtes né (née) le 18 septembre :

Favorise les projets universel, ou du moins vers un public, réussite possible, ego à surveiller car là aussi puissant, beaucoup de tensions émotionnelles en perspective.

Si vous êtes né (née) le 18 octobre :

Favorise la réalisation plus élevée de vos projets, réussite possible, échec cuisant si mal maitrisé. Ego à surveiller comme toujours.

Si vous êtes né (née) le 18 novembre :

Favorise la réalisation plus élevée de vos projets, réussite possible, échec cuisant si mal maitrisé. Ego puissant. Des tensions importantes à canaliser.

Si vous êtes né (née) le 18 décembre :

Favorise l'avancement, mais avec des retards, des délais, période transitoire, gardez patience.

Le jour de naissance 19 :

- Energie yang
- Elément feu
- Energie vibratoire forte de type dynamique et rapide.
- Energie créatrice, volontaire et affirmée, ego à canaliser

Le jour de naissance 19 est influencé par le jour 1, le jour 9 et le jour 10.

Le jour 19 vous représente en tant qu'individu à part entière, en rapport avec les autres, le monde extérieur, le coté humaniste, mais aussi l'ego. L'ego étant prédominant, le jour 19 mal maitrisé peut mener à certains excès, il est donc nécessaire de bien canaliser ces énergies vibratoires personnelles.

Bien maitrisé, il ouvre d'autres portes, d'autres possibles, et mène vers d'autres potentialités, qui vous permettront d'exploiter ce que vous êtes en tant qu'individu. Les portes de l'inconscient sont à votre disposition, que ce soit d'un point de vue personnel ou collectif, il est important de débarrasser votre mental de ce qui n'est plus nécessaire à votre évolution, de vous positionner de façon à briller de mille feux, en tant que, ici aussi, leader de votre destinée. Les jours de naissance 1 et 9 vous apporteront beaucoup d'autres détails. Laissez votre autoritarisme de côté, soyez moins impulsif et ouvrez un peu plus votre esprit à la conscience universelle. Il est aussi nécessaire de bien travailler sur vos émotions, sans les laisser de côté bien évidemment. La réussite est à votre portée, laissez vos illusions de côté et avancez l'esprit plus clair. Vous avez terminé un cycle de vie spécifique, et acquis une expérience importante non négligeable, si vous avez été bon élève, vos leçons ont alors été bien apprises et votre compréhension des énergies environnantes ainsi que de vos propres énergies est maintenant intégré. Le jour 19 contient un héritage, votre héritage, ayant abouti au terme d'un cycle de vie spécifique, ce potentiel vous propose donc de conclure ce qui doit l'être afin de pouvoir évoluer sur tous les plans, si vous le souhaitez, sur le plan émotionnel, psychique et concret, pour continuer votre voyage initiatique au fil des cycles qui vont suivre. Le leader de votre vie, c'est ce que vous êtes, avec la capacité de devenir si vous ne l'êtes pas déjà, celui d'un groupe ou d'un public, en tout état de cause, être son propre leader est déjà une bonne chose. Mais attention aux excès, car vous pourriez vous croire investi d'une mission de vie spéciale, vous croire le sauveur du monde, ou du moins vouloir sauver certaines personnes, vous croyant indispensable, ici on ne vous demande pas de tout diriger, de tout décider par égoïsme, par fanatisme ou par excès de zèle, on vous demande d'écouter et d'aider sans autoritarisme aucun, d'être un guide averti, sur qui l'on peut s'appuyer et compter. Avec ce jour de naissance, c'est le succès ou l'échec, tout dépendra de votre vision des choses, votre pouvoir se situe au niveau de votre volonté, de votre intelligence et de votre clarté d'esprit. Un pouvoir personnel qui vous permet d'avoir l'ascendant sur les autres, de dominer, mais qui vous offre surtout l'opportunité de vous réaliser comme il se doit. Trouvez votre équilibre et vous brillerez de mille feux, répandant votre lumière intérieure.

Le défi de votre jour de naissance :

Votre défi de votre jour de naissance qui est représenté par le **8**, indique quel genre d'épreuve vous pouvez rencontrer au cours de votre existence et ce qu'il faut relever pour pouvoir avancer et vous réaliser au mieux. Suivant le cas ce défi indique que vous êtes attiré par les aspects matériels de la vie, les gains, l'ambition, la réussite, en utilisant votre pouvoir personnel à des fins d'acquisitions matérielles uniquement, en faisant preuve d'une volonté combative excessive, ou à refuser tous ces aspects-là, il vous faudra faire preuve d'équilibre et de juste mesure pour pouvoir vous réaliser.

Le cadeau de votre jour de naissance :

Le cadeau de naissance qui est représenté par le **1** vous permet de surmonter votre défi du jour de naissance, en vous apportant certaines qualités et potentialités pour vous réaliser.
Quel que soit votre défi du jour de naissance, il vous est offert la possibilité de le dépasser, en utilisant votre capacité à vous individualiser, votre volonté et votre détermination, et cela en vous affirmant et en ayant une confiance indéfectible en vos capacités et vos qualités de créateur de votre propre vie, votre intelligence est une alliée non négligeable.

Ce qu'il est conseillé de faire : Faites preuve d'initiative personnelle, de volonté et de détermination, soyez le créateur et le leader de votre propre vie. Affirmez-vous avec intelligence, et cultivez votre confiance en vous, mais vous n'en manquez pas à priori, vos actions n'en seront que plus justes et porteuses de réussite personnelle et sociale. Vous pouvez en effet briller et réussir au contact et à travers les autres, utilisez ce potentiel mis à votre disposition pour vous-même et pour autrui, car sans les autres ce sera plus difficile surtout avec la vibration du nombre 9, un certain public est là, présent et vous attend, une autorité bienveillante n'est pas loin de vous pour vous aider si nécessaire, utilisez votre potentiel créateur et soyez plus proche des autres.

Ce qu'il n'est pas conseillé de faire : Evitez le laxisme, l'autoritarisme, l'entêtement. La domination, et l'ascendant sur autrui indique un problème sérieux d'ego, qui ne vous servira pas ou du moins dans le mauvais sens, vos actions n'en serait que plus injustes et inappropriées. Les tendances dominatrices peuvent être accentuées, vous pourriez être guidé par l'envie d'exercer votre pouvoir sur les autres, attention au retour de bâton. Comme on dit, à vouloir trop briller…ici c'est d'autant plus vrai, car il faut canaliser l'ego et être plus humain.

Les relations sentimentales : en général avec ce type de vibrations, c'est souvent assez égoïste à ce niveau, tout dépendra ensuite du reste de votre personnalité et de la personne que vous aurez en face de vous, ainsi que du type de relation. Ne soyez pas trop recentré sur vous, égoïste et jaloux, soyez un peu plus à l'écoute de l'autre. Toutefois vous pourriez être un peu plus à l'écoute de l'autre, grâce à la vibration 9 contenu dans le jour 19.

Vos influences mensuelles : Vous pourrez utiliser votre potentiel le **1**, le **10**, le **19** et le **28** de chaque mois de l'année, car ce sont des périodes qui accentuent les potentialités du 1 et favorise l'apprentissage de cette leçon, ainsi que la leçon 9.

Chaque jour de naissance ayant des caractéristiques complémentaires, reportez-vous au jour de naissance, 1, 10 et 28 pour en savoir plus en complément de votre jour de naissance et vibration fondamentale 19. Prenez en compte votre défi et cadeau du jour de naissance, pendant ces périodes.

Vos influences annuelles : Vous pourrez utiliser votre potentiel du jour de naissance 1, tous les neuf jours tout au long des 365 jours qui composent une année calendaire. Prenez en compte votre défi et cadeau du jour de naissance, pendant ces périodes.

Votre mois de naissance : chacun des douze mois de l'année accentue et favorise certains aspects de la personnalité, ainsi que certaines actions et évènements pendant la période.
Gardez à l'esprit votre jour de naissance 19 pour nuancer les explications complémentaires de votre mois de naissance.

Si vous êtes né (née) le 19 janvier : période qui favorise l'initiative personnelle, mais aussi l'ego, la dualité, les tensions nerveuses, les conflits intérieurs, puissantes énergies qui, bien canalisées peuvent vous apporter réussite dans vos projets.

Si vous êtes né (née) le 19 février : période qui favorise les associations, mais aussi les oppositions, l'indécision, les problèmes relationnels et des remises en question.

Si vous êtes né (née) le 19 mars : période qui favorise la communication, la créativité et les idées créatives, l'intelligence, le dynamisme, énergies à canaliser.

Si vous êtes né (née) le 19 avril : période qui favorise la structure de vie au niveau universel, le travail, le foyer, mais aussi les restrictions et les blocages, cela reste impulsif et entêté, il faut ouvrir son esprit.

Si vous êtes né (née) le 19 mai : période qui favorise le changement et la mobilité, l'expansion, mais aussi l'instabilité et des excès possibles.

Si vous êtes né (née) le 19 juin : période qui favorise les responsabilités, l'harmonie, mais aussi les conflits et les obligations, beaucoup d'émotions.

Si vous êtes né (née) le 19 juillet : période qui favorise la réflexion et l'introspection, les opportunités, mais aussi l'isolement et des tensions possibles, le mental est plutôt sollicité.

Si vous êtes né (née) le 19 aout : période qui favorise l'aspect financier, la réussite, mais aussi les litiges et des pertes possibles dans le domaine matériel, l'autorité, la justice, ego à canaliser.

Si vous êtes né (née) le 19 septembre : période qui favorise les activités et les contacts vers un certain public, les conflits d'autorité et les problèmes d'ego, beaucoup de tensions possibles.

Si vous êtes né (née) le 19 octobre : période qui favorise les projets et la créativité avec une vision plus large, mais aussi les moments de haut et de bas, d'incertitude. Nouveau cycle et nouveau départ possible.

Si vous êtes né (née) le 19 novembre : période qui favorise la maitrise de certaines énergies intérieures, l'inspiration, mais aussi de fortes tensions et oppositions, ego à canaliser.

Si vous êtes né (née) le 19 décembre : période qui favorise la créativité, par l'utilisation de son intuition et sa sensibilité, mais aussi les erreurs de chemin, l'indécision et les remises en question.

Le jour de naissance 20 :

- Energie yin
- Elément eau
- Energie vibratoire de type faible, lente et passive
- Energie réceptive et douce, sensible et intuitive à fort potentiel réalisateur, mais fragile

Le jour de naissance 20, prédispose aux mêmes caractéristiques que le jour de naissance 2, mais avec une vision plus élevée, l'expérience de la vie oblige. Que de sensibilité, à revendre, mais ce n'est pas tout, votre esprit protecteur n'en est que plus booster, vous ne pouvez pas aider ou protéger tout le monde, votre bon cœur vous perdra, soyez raisonnable et essayez de rééquilibrer ces énergies.

Je sais bien il y a tant à faire en ce monde, votre capacité à aider est énorme, peut-être qu'au final en pratiquant un métier d'aide à la personne ou tout autre activité en rapport, cela pourrait vous permettre d'utiliser vos capacités, vous vous sentiriez utile et bien dans votre peau.

Si toutefois cela n'était pas le cas, alors de sérieux problèmes relationnels pourraient restreindre votre rapport aux autres et accentuer les difficultés au quotidien, un travail est souvent nécessaire pour la plupart d'entre nous, et ce quel que soit le type de vibration personnelle. Encore une fois votre grande sensibilité et votre intuition pourront vous permettre d'équilibrer vos énergies personnelles afin d'utiliser au mieux, votre approche des autres et les différents partenariats qui vous seront proposés, la collaboration dans le sens large du terme étant une caractéristique fondamentale du jour 20. A ce propos, le partenariat, peut être une solution, au sein d'un groupe ou d'une association spécifique pour pouvoir vous réaliser. Votre capacité d'accueil et d'écoute étant très large, vous pourrez mettre à disposition votre potentiel réalisateur au contact des autres, mais aussi de l'autre. L'union fait la force, en règle générale, fédérer est une bonne chose, regrouper, s'unir. Il va falloir aussi unir vos énergies intérieures, régler vos différents émotionnels, canaliser cette sensibilité exacerbé, qui génère parfois, ou même très souvent des frustrations intérieures, une tendance possible suivant les cas à la dépression. En fonction de votre personnalité, ce sera soit un besoin intrinsèque d'être accompagné, d'aider et parfois de se soumettre et d'être très dépendant, soit de fuir les partenariats, de résister à toutes formes d'associations, induisant de fortes dualités relationnelles évidentes, comme une sorte de rébellion intérieure. Vous êtes, conciliant et à l'écoute, peut-être pas tout le temps finalement, impulsif parfois, impatient surement, hypersensible très certainement. Votre potentiel est grand, utilisez le.

Le défi de votre jour de naissance :

Le défi de votre jour de naissance qui est représenté par le **2**, indique quel genre d'épreuve vous pouvez rencontrer au cours de votre existence et ce qu'il faut relever pour pouvoir avancer et vous réalisez au mieux.

Suivant le cas ce défi indique que vous êtes trop prudent dans vos associations ou dans l'union, très exigeant, trop dépendant des autres ou trop soumis, tout ce qui a trait à la collaboration, vous pose problème, que ce soit en vous impliquant un peu trop ou en fuyant la notion de collaboration en général.

Le cadeau de votre jour de naissance :

Le cadeau de naissance qui est représenté par le **7** vous permet de surmonter votre défi du jour de naissance, en vous apportant certaines qualités et potentialités pour vous réaliser.

Quel que soit votre défi du jour de naissance, il vous est offert la possibilité de le dépasser, en utilisant l'enrichissement personnel par la recherche de connaissance.

Ce qu'il est conseillé de faire : Faites preuve de compréhension et d'écoute, d'abord de vous-même et ensuite des autres, le fait de s'accueillir en tant qu'être véritable, permet d'accueillir de la meilleure façon qui soit les autres êtres véritables. Mais attention restez vous-même et surtout restez en accord avec vous-même.

Ce qu'il n'est pas conseillé de faire : Evitez le laisser aller, ne fuyez pas les partenariats, écoutez, écoutez, écoutez encore afin de savoir quelle voix intérieure vous parle, patience tout arrive à qui sait attendre et comprendre.

Les relations sentimentales : c'est comme avec le jour de naissance 2, mais encore plus accentué, cette vibration favorise les relations sentimentales, car pleines de sensibilité et de compréhension, à l'écoute de l'autre et très intuitive. Il y a toutefois beaucoup de fragilité et parfois une dépendance à l'autre, tout dépendra ensuite du reste de votre personnalité et de la personne que vous aurez en face de vous, ainsi que du type de relation.

Vos influences mensuelles : Vous pourrez utiliser votre potentiel le **2**, le **11**, le **20** et le **29** de chaque mois de l'année, car ce sont des périodes qui accentuent les potentialités du 2 et favorisent l'apprentissage de cette leçon.
Chaque jour de naissance ayant des caractéristiques complémentaires, reportez-vous au jour de naissance, 2, 11 et 29 pour en savoir plus en complément de votre jour de naissance et vibration fondamentale 20. Prenez en

compte votre défi et cadeau du jour de naissance, pendant ces périodes.

Vos influences annuelles : Vous pourrez utiliser votre potentiel du jour de naissance 20, tous les neuf jours tout au long des 365 jours qui composent une année calendaire. Prenez en compte votre défi et cadeau du jour de naissance, pendant ces périodes.

Votre mois de naissance : chacun des douze mois de l'année accentue et favorise certains aspects de la personnalité, ainsi que certaines actions et évènements pendant la période.
Gardez à l'esprit votre jour de naissance 20 pour nuancer les explications complémentaires de votre mois de naissance.

Si vous êtes né (née) le 20 janvier :

Favorise l'avancement personnel, mais avec la notion de partenariat, dualité et conflits probables, opposition et complémentarité.

Si vous êtes né (née) le 20 février :

Favorise les partenariats avec une vision plus grande, accentue l'hypersensibilité et l'intuition, dualitaire et conflictuel, fragilité dans l'ensemble.

Si vous êtes né (née) le 20 mars :

Favorise la créativité, la sensibilité artistique, l'intuition, harmonie très probable, sensibilité à canaliser.

Si vous êtes né (née) le 20 avril :

Favorise le principe féminin, les femmes, une forte intuition, sensibilité, le foyer et les cadres familiaux, fragilité affective recherche d'harmonie et d'équilibre nécessaire.

Si vous êtes né (née) le 20 mai :

Favorise une certaine évolution, des changements, il y a des antagonismes et de l'instabilité, des frustrations probables.

Si vous êtes né (née) le 20 juin :

Favorise la recherche d'harmonie, mais avec une certaine fragilité, un peu de combativité et de volonté ne seront pas de trop.

Si vous êtes né (née) le 20 juillet :

Favorise le calme et la prise de recul, la réflexion, faire preuve de patience, tendance dépressive ou à ruminer possible, ne pas se laisser aller. Forte intuition et sensibilité, des remises en question possible.

Si vous êtes né (née) le 20 aout :

Favorise certaines affaires, cela reste combatif et sensible en même temps, il faut équilibrer les énergies en présence.

Si vous êtes né (née) le 20 septembre :

Favorise les relations avec les autres, des remises en question, beaucoup de fragilité et d'émotivité à canaliser.

Si vous êtes né (née) le 20 octobre :

Favorise une forte inspiration, intuition et réceptivité, beaucoup de tensions émotionnelles et intérieures à canaliser.

Si vous êtes né (née) le 20 novembre :

Favorise les remises en questions fréquentes, indécision, dualité et opposition probable.

Si vous êtes né (née) le 20 décembre :

Favorise les remises en questions, l'indécision, dualité et opposition probable, créativité et sensibilité.

Le jour de naissance 21 :

- Energie yin et yang
- Elément eau et feu
- Energie vibratoire dynamique et protectrice
- Energie à fort potentiel créatif, sensible et affirmé

Le jour de naissance 21, est influencé par le jour 3, ainsi que par les jours 1, 2 et 20.

Le jour 21 est une vibration qui reprend les principes masculins et féminins du jour 12. Comme vous pouvez le constater, les énergies sont inversées. Cela a beaucoup d'importance en réalité. Dans ce cas, ceux qui sont nés un 21, profitent d'une meilleure dynamique, induite par le 1 qui est positionné à droite et donc actif, contrairement au 12 qui a le 2 en position active. Cela induit moins d'indécision et de ralentissement en général, le moral est meilleur, il y a moins de laisser aller, c'est beaucoup dynamique pour entreprendre.

La façon de communiquer est plus spontanée et pleine d'énergie, la tendance à se disperser aussi d'ailleurs. Il y a un peu plus de détermination et de volonté de réussir à conquérir le monde par un esprit créatif important, c'est en effet un fort potentiel qui est mis à votre disposition, vous avez les moyens de vous exprimer avec brio, de la façon que vous souhaitez, un artiste dans l'âme, maniez le verbe est pour vous naturel, mais attention comme très souvent, à l'ego qui aurait tendance à profiter de cette énergie de grande ouverture, seriez-vous parfois dans l'orgueil et l'autosuffisance, imbu de votre personne pour certains du moins. Aborder l'aspect relationnel et notamment sentimental est bien plus aisé et direct avec cette vibration 21, avec plus de spontanéité et un esprit plus vif. De vous se dégage un certain magnétisme, de l'assurance, seriez-vous beau parleur peut-être si vous êtes un homme, et convaincant, attiré par l'esthétique et le paraître, n'en abusez pas trop non plus. La prise de décision est plus tranchée et vous permet d'avancer dans de meilleures conditions, en étant confiant et plus sur de vous, vous n'êtes pas non plus dénué de sensibilité, ni d'intuition d'ailleurs. Seriez-vous aussi un tantinet protecteur. Une sensibilité créatrice certainement, mais pas seulement, la vraie sensibilité intérieure que l'on retrouve dans le jour de naissance 2 et 20, ou devrais-je dire une hypersensibilité qui peut vous rendre parfois anxieux et mal à l'aise en société.

Vous avez un fort potentiel réalisateur, qu'il serait dommage de gaspiller, soit par un excès d'orgueil, soit par dévalorisation de ce que vous êtes, porteur d'une belle énergie, qui vous permet de réussir beaucoup de choses, qui vous permet de rayonner, grâce à l'aura que vous dégagez. Non je n'exagère pas, il est évident qu'en fonction de votre personnalité, vous utiliserez cette énergie d'une manière ou d'une autre, c'est au final vous qui choisissez de vous réaliser, et de la façon qu'il vous conviendra d'ailleurs, ne vous dispersez pas trop, car c'est un des risques avec le jour 21, n'en faites pas trop donc, canalisez-vous et modérez-vous. En clair le potentiel du jour de naissance 21 est un des plus beaux ou du moins des plus qualitatif en terme de potentialité, connues ou latentes. Il apporte sensibilité à tous niveaux, la capacité d'entreprendre et une forte créativité.

Le défi de votre jour de naissance :

Le défi de votre jour de naissance qui est représenté par le **1**, indique quel genre d'épreuve vous pouvez rencontrer au cours de votre existence et ce qu'il faut relever pour pouvoir avancer et vous réaliser au mieux.
Suivant le cas ce défi indique que vous devriez vous affirmer, avec une volonté et une détermination mesurées, sans vous imposer par la force, ni en voulant vous montrer supérieur aux autres, par excès d'ego ou que vous manquez cruellement de confiance en vous, bridant ainsi votre potentiel d'affirmation et d'initiative personnelle.

Le cadeau de votre jour de naissance :

Le cadeau de naissance qui est représenté par le **8** vous permet de surmonter votre défi du jour de naissance, en vous apportant certaines qualités et potentialités pour vous réaliser.

Quel que soit votre défi du jour de naissance, il vous est offert la possibilité de le dépasser, en utilisant votre potentiel de réalisation par le succès matériel et le bon équilibre de votre pouvoir personnel.

Ce qu'il est conseillé de faire : utilisez votre potentiel de créativité et de communication qui est très important, afin de vous réaliser, et de devenir un être accompli, votre grande intuition et votre sensibilité pourront vous y aider.

Ce qu'il n'est pas conseillé de faire : Laissez de côté toute superficialité, canalisez vos énergies personnelles afin de ne pas les gaspiller inutilement, canalisez aussi votre ego.

Les relations sentimentales : ce peut être une belle vibration pour aborder les relations sentimentales, avec une certaine protection, mais il faut toutefois canaliser vos énergies personnelles pour éviter ici aussi de vous disperser et de vous croire irrésistible, tout dépendra ensuite du reste de votre personnalité et de la personne que vous aurez en face de vous, ainsi que du type de relation.

Vos influences mensuelles : Vous pourrez utiliser votre potentiel le **3**, le **12**, le **21** et le **30** de chaque mois de l'année, car ce sont des périodes qui accentuent les potentialités du 3 et favorisent l'apprentissage de cette leçon, ainsi que des leçons 1 et 2.

Chaque jour de naissance ayant des caractéristiques complémentaires, reportez-vous au jour de naissance, 3, 12 et 30 pour en savoir plus en complément de votre jour de naissance et vibration fondamentale 21. Prenez en compte votre défi et cadeau du jour de naissance, pendant ces périodes.

Vos influences annuelles : Vous pourrez utiliser votre potentiel du jour de naissance 21, tous les neuf jours tout au long des 365 jours qui composent une année calendaire. Prenez en compte votre défi et cadeau du jour de naissance, pendant ces périodes.

Votre mois de naissance : chacun des douze mois de l'année accentue et favorise certains aspects de la personnalité, ainsi que certaines actions et évènements pendant la période.

Gardez à l'esprit votre jour de naissance 21 pour nuancer les explications complémentaires de votre mois de naissance.

Si vous êtes né (née) le 21 janvier :

Favorise les démarches créatives personnelles, la prise de décision, accentue le sens de l'initiative, attention à la dispersion d'énergie et l'ego à canaliser.

Si vous êtes né (née) le 21 février :

Favorise la notion de partenariat, l'intuition, la communication, l'indécision, oppositions possibles, dualité.

Si vous êtes né (née) le 21 mars :

Favorise la créativité, la communication, les relations sociales, l'égoïsme, la dispersion des énergies, l'impulsivité.

Si vous êtes né (née) le 21 avril :

Favorise une démarche créative concrète et structurée, canalise les énergies en présence, conflits possibles, restriction et délai.

Si vous êtes né (née) le 21 mai :

Favorise le changement et l'expansion, aiguise l'esprit, attention aux excès de comportement, à l'agressivité.

Si vous êtes né (née) le 21 juin :

Favorise les démarches artistiques, l'harmonie, forte créativité et sensibilité.

Si vous êtes né (née) le 21 juillet :

Favorise la réflexion et les écrits, une démarche créative plus intérieure et plus réfléchie, favorise aussi les amitiés.

Si vous êtes né (née) le 21 aout :

Favorise les affaires, le commerce, c'est dynamique, attention aux excès.

Si vous êtes né (née) le 21 septembre :

Favorise les démarches créatives vers un public, sensibilité et émotions à canaliser.

Si vous êtes né (née) le 21 octobre :

Favorise un nouveau cycle créatif, des projets de plus grande envergure, canalisez l'ego.

Si vous êtes né (née) le 21 novembre :

Favorise la maitrise des énergies créatives, apporte plus d'inspiration, canalisez l'ego, pour éviter de fortes tensions.

Si vous êtes né (née) le 21 décembre :

Favorise la créativité, dispersion d'énergies possible, conflits possibles, dualité.

Le jour de naissance 22 :

- Energie yin
- Elément eau
- Energie vibratoire de type restrictive, solide et constructrice
- Energie matérialiste et réalisatrice, transformable et obstinée à fort potentiel réalisateur

Ce jour de naissance, à comme influence le jour 4, mais aussi l'influence du jour 2 et 20.

Il a en réalité les caractéristiques fondamentales du jour 4, mais sensiblement accentuées. Cette vibration est assez dure et difficile, et vous apporte des qualités de réalisation certaines, mais aussi un caractère bien trempé, c'est le moins que l'on puisse dire.

Assiduité, ténacité, rigueur, combativité, persévérance et grande volonté déterminée. Ceux qui sont passés à côté de ça, on du rater quelque chose...

Vous ne lâchez rien apparemment, il faut compter avec vous et votre esprit tenace, des idées là aussi bien arrêtées, bien carrées et bien structurées. La structure, parlons-en, ce n'est pas une tour que vous construisez, mais un château et pas des moindres, très certainement sur le modèle de la cité de Carcassonne et de certains châteaux Cathares réputés imprenables. Toc toc, y a quelqu'un ? D'un point de vue des schémas dont je parlais il n'y à pas si longtemps au niveau du jour 4 entre autre, là ils sont bien ancrés et difficiles à déloger, un grand travail intérieur est à faire avant de pouvoir vous réaliser comme il se doit.

Tout cela me fait penser à un bulldozer (intelligent bien évidemment) qui avance sans s'arrêter et sans relâche, et ne s'arrêtera pas tant qu'il n'y aura pas une panne sérieuse, obstiné vous l'êtes et pas qu'un peu. Si vous êtes né un jour 22, vous êtes quelqu'un de solide, même si ce n'est pas sur le plan physique, ce sera au moins d'un point de vue mental, ce qui vous confère un potentiel de réalisation très important que ce soit à haut niveau pour certains d'entre vous ou à un niveau plus humain pour la majorité d'entre vous. Grand potentiel certes, mais un tantinet trop intransigeant et têtu, on peut par exemple diriger d'une main de fer pour certains, ou combattre la maladie avec succès pour d'autre tout au long d'une vie parfois. En clair c'est une vibration très puissante mais très rude et difficile à vivre, autant pour soi, que pour l'entourage proche le plus souvent. L'esprit est pragmatique, mais manque d'ouverture d'esprit et de souplesse, le jour 22 correspond à la personnalité des grands bâtisseurs, autant à l'échelle universelle qu'à l'échelle personnelle. Si j'ai besoin d'un coup de main, je vous contacterai…

Mais n'oublions pas, que malgré tout cela, ce jour 22 ou cette vibration, est empreinte malgré tout d'une grande sensibilité, une sensibilité assez particulière, mais bien réelle, occultée par une carapace des plus infranchissables et des plus solides, quoi qu'il y ait toujours une petite faille. Mais parfois c'est bien là que l'on trouve les plus grands cœurs. La persévérance est un de vos moteurs principaux, qu'il vente ou qu'il neige, vous êtes là, bien présent et prêt à braver les obstacles, surtout ceux qui vous empêche de vous réaliser concrètement, il ne faut pas se laisser faire, mais vous avez oublié une chose, vous n'êtes pas seul en ce monde, vous avez vos proches aussi. A force de vous recentrer sur vous-même, vous en oubliez les autres, pour équilibrer cela, il faut revoir vos cadres, intérieurs et extérieurs, certains 22 s'imposent trop de cadres intérieurs et sont en plus égocentrés, et d'autres mettent trop de cadres extérieurs empêchant le commun des mortels d'évoluer ou l'entourage avec plus de fluidité.

La vie n'est pas une prison, aérée un peu tout ça et votre conception des choses concrètes, je comprends que vous ayez besoin de cadrer ou d'être cadré, mais il faut une juste mesure en toute chose. Ouvrez donc un peu plus votre esprit, vous en avez bien besoin, ne soyez pas trop impatient, et impulsif, utilisez votre potentiel créateur pour vous réaliser.

Le défi de votre jour de naissance :

Pas de défi particulier ici, à part d'utiliser à bon escient votre potentiel du jour de naissance 22

Le cadeau de votre jour de naissance :

Pas de cadeau particulier ici, à part d'utiliser à bon escient votre potentiel du jour de naissance 22

Ce qu'il est conseillé de faire : Utilisez toutes vos capacités et qualités déjà citées, pour construire quelque chose de solide et de durable dans le temps, si réaliser à grande échelle est votre souhait, alors allez-y foncez, si votre souhait de réalisations est plus modeste, alors allez y aussi foncez aussi.

Ce qu'il n'est pas conseillé de faire : évitez tous les écueils, et un comportement souvent excessif, pouvant induire, de l'intransigeance, de l'entêtement, un esprit trop fermé et un manque de souplesse et d'adaptabilité certain.

Les relations sentimentales : avec un caractère pareil, ne vous attendez pas à beaucoup de douceur, cette vibration n'est toutefois pas dénuée d'affect, au contraire, mais c'est assez rugueux, il faut polir l'ensemble, peut toutefois apporter une relation durable et sans faille, tout dépendra ensuite du reste de votre personnalité et de la personne que vous aurez en face de vous, ainsi que du type de relation.

Vos influences mensuelles : Vous pourrez utiliser votre potentiel le **4**, le **13**, le **22** et le **31** de chaque mois de l'année, car ce sont des périodes qui accentuent les potentialités du 4 et favorisent l'apprentissage de cette leçon, ainsi que de la leçon 2.

Chaque jour de naissance ayant des caractéristiques complémentaires, reportez-vous au jour de naissance, 4, 13, et 31 pour en savoir plus en complément de votre jour de naissance et vibration fondamentale 22. Prenez en compte votre défi et cadeau du jour de naissance, pendant ces périodes.

Vos influences annuelles : Vous pourrez utiliser votre potentiel du jour de naissance 22, tous les neuf jours tout au long des 365 jours qui composent une année calendaire. Prenez en compte votre défi et cadeau du jour de naissance, pendant ces périodes.

Votre mois de naissance : chacun des douze mois de l'année accentue et favorise certains aspects de la personnalité, ainsi que certaines actions et évènements pendant la période.

Gardez à l'esprit votre jour de naissance 22 pour nuancer les explications complémentaires de votre mois de naissance.

Si vous êtes né (née) le 22 janvier :

Favorise les projets durables et stables, beaucoup de rigueur et de persévérance, évitez l'impatience et l'impulsivité, parfois conflits et oppositions possibles, des blocages.

Si vous êtes né (née) le 22 février :

Favorise les partenariats durables dans le temps, des remises en questions possibles, dualité, avec des hauts et des bas, forte sensibilité, mais bon maintien de l'équilibre possible.

Si vous êtes né (née) le 22 mars :

Favorise les démarches créatives concrètes, ouverture ou fermeture des énergies en fonction de la tendance.

Si vous êtes né (née) le 22 avril :

Favorise les aspects concrets de la vie, la structure, les fondations, les réalisations matérielles. Blocages, délais et restrictions probables, impatience, rigidité.

Si vous êtes né (née) le 22 mai :

Favorise l'expansion matérielle, mais aussi des antagonismes, des frustrations qui génèrent impatience et agressivité.

Si vous êtes né (née) le 22 juin :

Favorise la stabilité et la sécurité, l'aspect concret, la famille, le foyer, patience et rigueur.

Si vous êtes né (née) le 22 juillet :

Favorise les aspects concrets, et spirituels dans certains cas, permet d'être constructif et réfléchi, transformation intérieure possible.

Si vous êtes né (née) le 22 aout :

Favorise les aspects matérialistes et financiers, beaucoup de restrictions, des blocages, des difficultés possibles.

Si vous êtes né (née) le 22 septembre :

Favorise les aspects plus universels, fin ou aboutissement de certaines choses, transformation psychologique ou spirituelle possible suivant le cas.

Si vous êtes né (née) le 22 octobre :

Favorise les projets durables et stables, beaucoup de rigueur et de persévérance, évitez l'impatience et l'impulsivité, parfois conflits et oppositions possibles. Vision parfois élevée des choses, changements importants.

Si vous êtes né (née) le 22 novembre :

Favorise les réalisations d'un autre ordre, élévation spirituelle ou ego surdimensionné.

Si vous êtes né (née) le 22 décembre :

Favorise une vision intérieure différente, transformation positive ou difficultés concrètes et relationnelles importantes.

Le jour de naissance 23 :

- Energie yin et yang
- Elément eau et feu
- Energie vibratoire de type progressiste, évolutive
- Energie créatrice, intuitive et expansive parfois instable et protectrice

Le jour de naissance 23 est certainement l'une des vibrations la plus ouverte et la plus harmonieuse d'un point de vue des relations en général, on y retrouve bien évidemment l'influence du jour 5, et des jours 2, 3 et 20. Vous êtes donc une personne très ouverte, mais aussi d'une grande sensibilité, très adaptable et compréhensive. L'alliance de ces différentes énergies est vraiment une bonne chose, car elle vous apporte de nombreuses qualités relationnelles. Pas seulement sur le plan social et même professionnel, mais aussi avec les enfants, on retrouve toutes les qualités d'aide et d'écoute qui appartiennent au jour de naissance 2, une grande sensibilité vous anime et vous permet d'aborder les changements de la vie, ainsi que les relations en général avec une grande capacité d'adaptation, grâce à votre sens du contact facile et votre nature sympathique. Il est toujours plus agréable d'avoir en face de soi une personne ouverte et à l'écoute.

Il faut aussi mettre en avant votre potentiel créatif qui n'est pas en reste, et le fait que la notion de découverte est ici vécue autrement, pas forcément seul ou seule, il est aussi possible de le faire à deux ou avec des proches, des amis(e). L'exploration est encore plus large, et vous permettra de chercher et pourquoi pas de trouver ou de retrouver une part de vous-même en chacun de nous. Parfois il y aura des conflits, car il subsiste toujours une certaine instabilité avec ce type de vibrations, des déceptions relationnelles, des trahisons, ne soyez pas trop rancunier ou rancunière, les gens parle trop, souvent, restez compréhensif et ne faites surtout pas de même, la médisance et la critique non constructive, ne permettent pas au final d'avancer favorablement, il faut éviter les commérages. Canalisez aussi votre impulsivité, et restez à l'écoute des autres et de ce que vous êtes, cela vous évitera certains problèmes. Beaucoup de sensibilité se dégage de vous, et vous permet d'être plus réceptif à l'environnement et aux autres, écoutez votre intuition, elle vous aidera encore plus.

Vous êtes donc d'une nature plutôt sympathique, voire même très sympathique, et il se dégage de vous un certain magnétisme, et une certaine sensualité, aimez-vous plaire ? Sans trop toutefois, afin d'éviter un comportement superficiel qui vous desservirait au final et vous rendrait, ou ferait de vous un personne suffisante et vaniteuse, qui se complairait dans l'autosatisfaction, vous êtes bien mieux que ça, et si tel est le cas, alors ne dispersez plus vos énergies, recentrer vous, afin de progresser vers ce que vous êtes réellement. Votre séduction naturelle est très largement suffisante, n'en rajoutez pas, car il y a toujours un risque d'excès, qu'il faut canalisez, restez prudent.

Vous êtes aussi une personne assez souple, on le serait à moins avec une telle vibration de jour de naissance, vous pouvez trouver un bon équilibre en général c'est évident, tellement votre potentiel est riche, libre arbitre, pragmatisme, liberté de mouvement, adaptabilité vous permettront d'évoluer et de progresser comme vous le souhaitez.

Le défi de votre jour de naissance :

Le défi de votre jour de naissance qui est représenté par le **1**, indique quel genre d'épreuve vous pouvez rencontrer au cours de votre existence et ce qu'il faut relever pour pouvoir avancer et vous réaliser au mieux.

Suivant le cas ce défi indique que vous devriez vous affirmer, avec une volonté et une détermination mesurées, sans vous imposer par la force, ni en voulant vous montrer supérieur aux autres, par excès d'ego ou montre que vous manquez cruellement de confiance en vous, bridant ainsi votre potentiel d'affirmation et d'initiative personnelle.

Le cadeau de votre jour de naissance :

Le cadeau de naissance qui est représenté par le **8** vous permet de surmonter votre défi du jour de naissance, en vous apportant certaines qualités et potentialités pour vous réaliser.
Quel que soit votre défi du jour de naissance, il vous est offert la possibilité de le dépasser, en utilisant votre potentiel de réalisation par le succès matériel et le bon équilibre de votre pouvoir personnel.

Ce qu'il est conseillé de faire : Utilisez votre sensibilité, votre sens de l'écoute, votre sens du relationnel et votre adaptabilité à des fins évolutives, au sein de la société actuelle.

Ce qu'il n'est pas conseillé de faire : comme toujours évitez d'être dans les excès, dans l'impulsivité, dans le paraître, réfléchissez et prenez toujours un peu de recul sur les situations que vous rencontrez.

Les relations sentimentales : On retrouve ici aussi certains aspects du jour 5, mais avec beaucoup plus de sensibilité et d'écoute, voire plus de sensualité, les relations peuvent évoluer favorablement, tout dépendra ensuite du reste de votre personnalité et de la personne que vous aurez en face de vous, ainsi que du type de relation.

Vos influences mensuelles : Vous pourrez utiliser votre potentiel le **5**, le **14**, et le **23** de chaque mois de l'année, car ce sont des périodes qui accentuent les potentialités du 5 et favorisent l'apprentissage de cette leçon ainsi que des leçons 2 et 3.

Chaque jour de naissance ayant des caractéristiques complémentaires, reportez-vous au jour de naissance, 5 et au 14 pour en savoir plus en complément de votre jour de naissance et vibration fondamentale 23. Prenez en compte votre défi et cadeau du jour de naissance, pendant ces périodes.

Vos influences annuelles : Vous pourrez utiliser votre potentiel du jour de naissance 23, tous les neuf jours tout au long des 365 jours qui composent une année calendaire. Prenez en compte votre défi et cadeau du jour de naissance, pendant ces périodes.

Votre mois de naissance : chacun des douze mois de l'année accentue et favorise certains aspects de la personnalité, ainsi que certaines actions et évènements pendant la période.
Gardez à l'esprit votre jour de naissance 23 pour nuancer les explications complémentaires de votre mois de naissance.

Si vous êtes né (née) le 23 janvier :

Favorise l'expansion de vos projets, l'évolution est bonne, même si parfois elle est instable, attention aux excès, mais cela reste assez favorable.

Si vous êtes né (née) le 23 février :

Favorise l'expansion des partenariats, l'intuition et la sensibilité, bonne harmonie possible, même si un peu fragile, instable et conflictuel par moment.

Si vous êtes né (née) le 23 mars :

Favorise l'expansion créative, l'intuition créatrice, la dispersion d'énergie aussi, l'impulsivité, c'est assez progressiste, canalisez les énergies.

Si vous êtes né (née) le 23 avril :

Favorise l'expansion matérielle, quelques restrictions et blocages possibles, de l'impulsivité et de l'impatience.

Si vous êtes né (née) le 23 mai :

Favorise les changements, mais aussi, l'impulsivité, les excès, canalisez les énergies.

Si vous êtes né (née) le 23 juin :

Favorise l'harmonie et l'adaptabilité, la créativité, antagonisme possible, conflits probables.

Si vous êtes né (née) le 23 juillet :

Favorise l'évolution intérieure, la créativité, les changements et développe l'intuition, c'est créatif.

Si vous êtes né (née) le 23 aout :

Favorise l'évolution matérielle et financière, attention aux excès et à l'ego.

Si vous êtes né (née) le 23 septembre :

Favorise les changements et les déplacements, la créativité et l'évolution spirituelle parfois, accentue la sensibilité et l'intuition, la réceptivité, restez lucide et objectif, attention à certains excès.

Si vous êtes né (née) le 23 octobre :

Favorise les changements et l'évolution, une autre vision des choses, attention aux fluctuations, nouveau cycle possible.

Si vous êtes né (née) le 23 novembre :

Favorise l'évolution spirituelle parfois, certains changements importants, ou une tendance excessive, des tensions nerveuses importantes, ego à surveiller.

Si vous êtes né (née) le 23 décembre :

Favorise les changements, l'évolution est plus difficile et freinée, instabilité probable.

Le jour de naissance 24 :

- Energie yin
- Elément eau et terre
- Energie vibratoire de type lente et restrictive.
- Energie fragile, affective et sensible, harmonieuse à forte dominante féminine

Le jour de naissance 24 est influencé par le jour 6, mais aussi par les jours 2, 4 et 20. Des dispositions artistiques vous en avez, c'est évident, vous êtes une personne d'une grande sensibilité en réalité, pas seulement artistique, mais en général.

Votre volonté et votre détermination vous font parfois défaut, vous manquez parfois de motivation, et votre sensibilité émotionnelle prend le dessus, un peu plus de dynamisme serait bienvenu, car pour avancer dans la vie il en faut une bonne dose. Vous êtes une personne très réceptive et très intuitive, vous ressentez le moindre changement énergétique environnant. Tout cela est servi par une certaine rigueur, une volonté de construire et de vous réaliser dans l'harmonie, au sein du couple, du foyer et de la famille. En recherche d'équilibre, de stabilité et de sécurité, le moindre conflit peut vous déstabiliser, et perturber cet apparent calme intérieur dont vous faites preuve, l'harmonie est un des fondements qui vous permet de justement garder cet équilibre parfois précaire, fragilisé par les aléas de la vie.

Pas trop vite, non, il vous faut prendre le temps de faire les choses à votre rythme, sans précipitation aucune, vous ne pouvez pas vous réaliser dans le stress, ce qui ne veut pas dire que vous n'ayez pas la capacité d'agir rapidement et avec efficacité.

Les responsabilités sont importantes pour vous, à moins que vous ne soyez de ceux qui les fuient, par peur, oui peur de s'engager, peur des obligations, des contraintes quotidiennes, peur d'être trahi par l'autre ou les autres, gardez confiance en vous et en ce que vous êtes. L'hyperémotivité peut parfois être un frein, car très réceptif à l'environnement, aux critiques, souvent non constructives d'ailleurs, ce qui vous pousse à rentrer dans votre coquille, qui vous sert de petite maison. Le jour 24 est à dominante yin / féminin, si vous êtes une femme, vos caractéristiques féminines seront accentuées, voire exacerbées, l'intuition et votre sensibilité seront encore plus développées. Pour un homme, c'est la même chose, sensibilité et intuition accentuées, qui vous mettront évidemment dans un rapport parfois différent avec les femmes que vous côtoierez ou rencontrerez. Votre sensibilité amoureuse sera donc mise en évidence, voir le jour de naissance 6 pour cela, car l'amour est important pour vous, mais n'oubliez pas de vous aimez déjà vous-même, c'est plus facile en général de s'ouvrir aux autres, tout commence par soi-même en général, pour ensuite rayonner autour de vous. Que pourrais-je vous dire d'autre, ah oui !, ne soyez pas trop tributaire des autres, trop attaché, trop collé, trop dépendant, parfois peut être pour certain, trop lourd et possessif, les autres c'est bien, mais ce n'est pas tout dans la vie, ou du moins ce n'est pas la seule chose. Vous êtes attaché à votre famille, c'est bien normal.

Prenez soin aussi de votre habitat, de votre foyer, car c'est très sécurisant d'avoir un petit coin à soi ou il fait bon vivre. Vous saurez trouver l'harmonie nécessaire, et l'aménagement qui vous convient, d'autant plus que votre potentiel vous favorise au niveau de votre gestion financière.

Le défi de votre jour de naissance :

Le défi de votre jour de naissance qui est représenté par le **2**, indique quel genre d'épreuve vous pouvez rencontrer au cours de votre existence et ce qu'il faut relever pour pouvoir avancer et vous réaliser au mieux.

Suivant le cas ce défi indique que vous êtes trop prudent dans vos associations ou dans l'union, très exigeant, trop dépendant des autres ou trop soumis, tout ce qui a trait à la collaboration, vous pose problème, que ce soit en vous impliquant un peu trop ou en fuyant la notion de collaboration en général.

Le cadeau de votre jour de naissance :

Le cadeau de naissance qui est représenté par le **7** vous permet de surmonter votre défi du jour de naissance, en vous apportant certaines qualités et potentialités pour vous réaliser.
Quel que soit votre défi du jour de naissance, il vous est offert la possibilité de le dépasser, en utilisant l'enrichissement personnel par la recherche de connaissance.

Ce qu'il est conseillé de faire : essayez de maintenir l'équilibre d'abord pour vous-même et ensuite pour vos proches, harmonisez votre environnement autant que possible, cela vous donnera confiance et vous sécurisera, vous pourrez être une base solide pour votre famille, soyez donc responsable.

Ce qu'il n'est pas conseillé de faire : Evitez de fuir vos responsabilités, tenez vos engagements, ne soyez pas trop autoritaire et possessif, n'étouffez pas votre entourage, et ne vous laissez pas aller.

Les relations sentimentales : amour, sentiments, sensibilité, nous sommes ici dans une relation à l'eau de rose, harmonieuse à souhait et durable, ça manque peut-être d'un peu de peps que diable, tout dépendra ensuite du reste de votre personnalité et de la personne que vous aurez en face de vous, ainsi que du type de relation.

Vos influences mensuelles : Vous pourrez utiliser votre potentiel le **6**, le **15**, et le **24** de chaque mois de l'année, car ce sont des périodes qui accentuent les potentialités du 6 et favorise l'apprentissage de cette leçon ainsi que des leçons 2 et 4.
Chaque jour de naissance ayant des caractéristiques complémentaires, reportez-vous au jour de naissance, 6 et au 15 pour en savoir plus en complément de votre jour de naissance et vibration fondamentale 24. Prenez en compte votre défi et cadeau du jour de naissance, pendant ces périodes.

Vos influences annuelles : Vous pourrez utiliser votre potentiel du jour de naissance 24, tous les neuf jours tout au long des 365 jours qui composent une année calendaire. Prenez en compte votre défi et cadeau du jour de naissance, pendant ces périodes.

Votre mois de naissance : chacun des douze mois de l'année accentue et favorise certains aspects de la personnalité, ainsi que certaines actions et évènements pendant la période.
Gardez à l'esprit votre jour de naissance 24 pour nuancer les explications complémentaires de votre mois de naissance.

Si vous êtes né (née) le 24 janvier :

Favorise les démarches concrètes et familiales, les projets personnels et sentimentaux, une certaine fragilité, quelques conflits possibles.

Si vous êtes né (née) le 24 février :

Favorise les partenariats affectifs souvent, la famille, le foyer, beaucoup de sensibilité et d'intuition, réceptivité et dualité, conflits possibles.

Si vous êtes né (née) le 24 mars :

Favorise la communication et la créativité, permet un meilleur dialogue, fait de sensibilité.

Si vous êtes né (née) le 24 avril :

Favorise les aspects concrets de la vie, le travail, le foyer, la famille, la structure de vie, un peu lent, avec des délais et des blocages possibles.

Si vous êtes né (née) le 24 mai :

Favorise les changements sur le plan de la structure de vie, nécessite adaptabilité et compréhension, attention aux excès.

Si vous êtes né (née) le 24 juin :

Favorise l'harmonie dans la structure de vie, la stabilité, parfois un peu lourd a porter, restez responsable, des choix à faire.

Si vous êtes né (née) le 24 juillet :

Favorise la réflexion par rapport à la structure de vie, permet une introspection, parfois trop exigent et perfectionniste, conflits probables.

Si vous êtes né (née) le 24 aout :

Favorise concrètement l'aménagement de la structure de vie, maintenir l'équilibre et être plus combatif.

Si vous êtes né (née) le 24 septembre :

Favorise les arts, la structure en relation avec l'extérieur, forte émotion et sensibilité à canaliser.

Si vous êtes né (née) le 24 octobre :

Favorise les démarches concrètes et familiales, les projets personnels et sentimentaux, une certaine fragilité, un nouveau cycle se prépare, des changements en perspective.

Si vous êtes né (née) le 24 novembre :

Favorise la maitrise au niveau de la structure de vie, apporte des tensions importantes, ego à surveiller.

Si vous êtes né (née) le 24 décembre :

Favorise la créativité, avec des délais, des obstacles, beaucoup de sensibilité et des remises en question.

Le jour de naissance 25 :

- Energie yin et yang
- Elément eau, feu et air
- Energie vibratoire de type fragile et instable
- Energie expansive et lente, instable et introvertie

Le jour de naissance 25 est influencé, par le jour 7, le jour 2, le 5 et le 20.

Il vous permet de bien développer votre intuition et votre réceptivité. Il y a toutefois beaucoup de fragilité et d'instabilité dans votre personnalité, de l'hésitation, de l'indécision, des difficultés à faire des choix, c'est une vibration antagoniste. Cette vibration génère donc des frustrations intérieures, comme si vous étiez tiraillé d'un côté et de l'autre. Vos actions sont ralenties et la vie affective souvent difficile à vivre, le relationnel n'est pas simple en général, vous auriez tendance à avoir un moral qui fluctue régulièrement, c'est, normal vos énergies sont très irrégulières. Seriez-vous une personnalité du type insaisissable et imprévisible, on ne sait jamais comment vous allez vous positionner en réalité. Difficile de vous situer donc, étant d'une approche changeante et instable, parfois adaptable, parfois indécise, trop de réflexion tue la réflexion, vous êtes enclin à ruminer, à analyser aussi, mais parfois ne pas savoir ce que vous devez faire, vous devez oser et vous donner les moyens d'avancer en écoutant votre intuition. Evitez donc de vous laisser aller, par manque de savoir où aller, ceci pourrait être un facteur dépressif suivant le cas.

Ce qu'il vous manque, c'est de trouver un certain équilibre, de vous stabiliser au niveau de vos énergies intérieures, ceci fait vous pourrez trouver une manière constructive de vous réaliser. Il vous faut allier intuition, réflexion et dynamique de progression, en structurant votre mental de cette manière, vos énergies seront plus équilibrées et moins instables. Ce n'est jamais simple de rééquilibrer ces propres énergies personnelles, c'est un travail qui demande du temps, beaucoup de temps.

Le temps d'une vie souvent, surtout quand il y a des antagonismes dans la personnalité, et donc moins d'harmonie. Dans votre cas, il vous faut prendre en compte d'abord ce que vous êtes comme personne, ensuite tentez d'utiliser les énergies du jour de votre naissance qui sont mises à dispositions, sensibilité et capacité d'écoute d'abord intérieure, avec la capacité d'adaptation et d'évolution, et votre capacité de réflexion et de prise de recul.

Il est évident que votre tendance à l'hésitation permanente n'aide pas à progresser avec régularité et stabilité, cela vous perturbe un tant soit peu, et peut vous rendre parfois mélancolique et vous pousse à vous renfermer, dans votre tour d'ivoire, à ruminer, à ressasser. Là ne réside pas la solution à vos problèmes intérieurs, car c'est de cela qu'il s'agit. D'autre part, ne seriez-vous pas attiré ou du moins intéresser par l'occulte, avec autant de réceptivité, cela ne m'étonnerais pas, votre esprit est plutôt ouvert, vers ce type d'expérience mystique, ne vous en privez pas, si le reste de votre personnalité vous y pousse, à découvrir ce monde si vaste, qui pourrait au final vous permettre d'évoluer, en utilisant tout votre potentiel intérieur, potentiel qui est très riche d'ailleurs. Un problème de communication vous caractérise, vous gardez tout en dedans, difficile donc d'exprimer ce qui vous préoccupe, et difficile pour les autres de comprendre ce qui vous motive. Il vous faut dynamiser tout cela, afin de trouver la façon de vous réaliser qui vous correspond, sans trop vous enfermer dans votre mental, ouvrez un peu plus votre esprit.

Le défi de votre jour de naissance :

Le défi de votre jour de naissance qui est représenté par le **3**, indique quel genre d'épreuve vous pouvez rencontrer au cours de votre existence et ce qu'il faut relever pour pouvoir avancer et vous réaliser au mieux.
Suivant le cas ce défi indique que vous avez peut-être des problèmes pour communiquer, pour vous exprimer, un blocage physique ou mental qui vous empêche de vous exprimer dans les meilleures conditions, ou parce que, à l'inverse vous avez une tendance, a trop en faire, trop parler, à vous disperser en brassant de l'air inutilement.

Le cadeau de votre jour de naissance :

Le cadeau de naissance qui est représenté par le **6** vous permet de surmonter votre défi du jour de naissance, en vous apportant certaines qualités et potentialités pour vous réaliser.
Quel que soit votre défi du jour de naissance, il vous est offert la possibilité de le dépasser, en utilisant votre potentiel d'amour personnel et de responsabilité.

Ce qu'il est conseillé de faire : votre forte intuition peut vous aider, à adapter votre mental, aux diverses situations de la vie, il existe une dynamique progressiste en vous qu'il vous faut utiliser.

Ce qu'il n'est pas conseillé de faire : Evitez le laisser aller, de ruminer, de jouer au chat et à la souris. Votre mental est trop fluctuant.

Les relations sentimentales : pas facile ici non plus, plutôt fragile et instable, ça fluctue et peut déstabiliser le ou la partenaire, tout dépendra ensuite du reste de votre personnalité et de la personne que vous aurez en face de vous, ainsi que du type de relation.

Vos influences mensuelles : Vous pourrez utiliser votre potentiel le **7**, le **16**, et le **25** de chaque mois de l'année, car ce sont des périodes qui accentuent les potentialités du 7 et favorisent l'apprentissage de cette leçon, ainsi que des leçons 2 et 5.

Chaque jour de naissance ayant des caractéristiques complémentaires, reportez-vous au jour de naissance, 7 et au 16 pour en savoir plus en complément de votre jour de naissance et vibration fondamentale 25. Prenez en compte votre défi et cadeau du jour de naissance, pendant ces périodes.

Vos influences annuelles : Vous pourrez utiliser votre potentiel du jour de naissance 25, tous les neuf jours tout au long des 365 jours qui composent une année calendaire. Prenez en compte votre défi et cadeau du jour de naissance, pendant ces périodes.

Votre mois de naissance : chacun des douze mois de l'année accentue et favorise certains aspects de la personnalité, ainsi que certaines actions et évènements pendant la période.
Gardez à l'esprit votre jour de naissance 25 pour nuancer les explications complémentaires de votre mois de naissance.

Si vous êtes né (née) le 25 janvier :

Favorise les démarches intérieures personnelles, instabilité probable, isolement, opportunités.

Si vous êtes né (née) le 25 février :

Favorise les accords sur un plan intérieur, sensibilité, dualité, remise en question et conflits possibles.

Si vous êtes né (née) le 25 mars :

Favorise l'évolution et la communication, la démarche est plus ouverte et créative, quelques délais à respecter, une certaine instabilité.

Si vous êtes né (née) le 25 avril :

Favorise les aspects constructifs concrets, mais aussi intérieur, des restrictions et des conflits.

Si vous êtes né (née) le 25 mai :

Favorise les changements, la mobilité, la liberté, des conflits et des tensions probables.

Si vous êtes né (née) le 25 juin :

Favorise les responsabilités, les choix, ça reste conflictuel et antagoniste.

Si vous êtes né (née) le 25 juillet :

Favorise l'introspection, la tendance à ruminer, c'est instable et conflictuel.

Si vous êtes né (née) le 25 aout :

Favorise les aspects matériels, la réflexion, évolution possible, attention aux excès.

Si vous êtes né (née) le 25 septembre :

Favorise l'introspection, les changements d'un point de vue extérieur ou intérieur, relationnel difficile, forte intuition et émotion.

Si vous êtes né (née) le 25 octobre :

Favorise le renouvellement, instabilité probable, mais nouvelle vision des choses, changement parfois importants.

Si vous êtes né (née) le 25 novembre :

Favorise les réalisations maitrisées, d'un autre ordre, l'intuition et l'inspiration créative, des tensions possibles, ego à canaliser.

Si vous êtes né (née) le 25 décembre :

Favorise le travail intérieur, rechercher l'équilibre, évitez les erreurs, soyez plus volontaire.

Le jour de naissance 26 :

- Energie yin
- Elément eau et terre
- Energie vibratoire peu dynamique et fragile
- Energie créatrice, sensible et intuitive, combative

Le jour de naissance 26 est influencé par le jour 8, le 2, le 6 et le 20.

Nous retrouvons donc aussi certaines caractéristiques du jour 24.

Là aussi il est question de sensibilité personnelle mais aussi artistique, l'intuition n'est pas en reste, et il y a ici aussi une dominante yin / féminin évidente, avec plus de combativité et de volonté.

Vous êtes certainement une personne douce et attentionnée, sensible et conciliante, mais aussi très exigeante avec vous-même et avec les autres. Il ne faut pas si tromper, tout cela cache un tempérament volontaire, oscillant entre des énergies posées et des énergies parfois combatives et affirmées. D'ailleurs, vous avez un sens pratique et êtes plus généreux que certains, mais comme je le disais, exigeant dans les rapports avec les autres. Sous des dehors tranquille et une apparence calme, vous cachez bien votre jeu, fin stratège dans les relations en général, vous savez être rusé et manipuler votre petit monde pour certaines personnes du moins. Votre douceur, cache un caractère parfois bien trempé et déterminé, oscillant suivant le cas entre douceur et violence, si ce n'est pas physique, alors habitué au moins aux joutes verbales, au contact parfois explosif et électrique. Votre potentiel réalisateur provient d'un mélange, fait de douceur et de sensibilité, parfois cyclotimique aussi, avec une volonté de garder et d'utiliser votre pouvoir intérieur, aussi sur les autres en allant soit dans le sens du poil, soit en envoyant des piques bien pesées.

Mais attention, à ne pas tomber un jour sur des personnes bien plus puissantes que vous et plus intransigeantes. Tout cela, va évidemment générer parfois chez vous des antagonismes, entre énergies douces et énergies dures, on ne vous perçoit pas comme une personne à fort caractère en général, sauf si le reste de votre personnalité est déjà très affirmé, ce qui peut dérouter, voire déstabiliser certaines personnes de votre entourage, qui pensent vous connaitre. Seule la personne proche réellement de vous et à l'écoute de ce que vous êtes, pourra apprendre à vous connaître réellement.

Votre potentiel est finalement assez bien rempli, sensibilité, harmonie et pouvoir personnel.

Et oui, pouvoir personnel, qui vient de l'influence du jour 8, il faudra toujours essayer d'utiliser ce pouvoir personnel à bon escient, en étant à l'écoute des autres et en accord avec vous-même. Utilisez votre grande sensibilité intuitive, votre sens des responsabilités, s'il n'est pas défaillant, tout cela devra être harmonisé de façon à pouvoir vous réaliser comme il se doit dans le meilleur des mondes, en vous adaptant et en conciliant parfois.

Le cadeau de votre jour de naissance :

Le cadeau de naissance qui est représenté par le **4** vous permet de surmonter votre défi du jour de naissance, en vous apportant certaines qualités et potentialités pour vous réaliser.
Quel que soit votre défi du jour de naissance, il vous est offert la possibilité de le dépasser, en utilisant votre capacité à construire des choses stables dans la durée, avec ordre et méthode.

Le cadeau de votre jour de naissance :

Le cadeau de naissance qui est représenté par le **5** vous permet de surmonter votre défi du jour de naissance, en vous apportant certaines qualités et potentialités pour vous réaliser.
Quel que soit votre défi du jour de naissance, il vous est offert la possibilité de le dépasser, en utilisant votre capacité d'adaptation aux changements, à la croissance et à l'expansion de vos projets.

Ce qu'il est conseillé de faire : comme je l'ai déjà exprimé dans le texte principal, utilisez votre sensibilité et votre intuition, votre capacité d'harmonisation des énergies, de conciliation et d'adaptation, et votre pouvoir intérieur.

Ce qu'il n'est pas conseillé de faire : à l'inverse de ne pas écouter ce que vous dit votre intuition et votre sensibilité, de ne pas utiliser votre pouvoir à des fins d'ascendant sur les autres.

Les relations sentimentales : on retrouve l'influence du jour 8, mais avec une différence notable, c'est que la vibration 26 est faite de sensibilité et de sentimentalité, ce qui adoucit l'influence de la vibration du jour 8 et apporte une bien meilleure compatibilité relationnelle, il subsiste toutefois un caractère conflictuel, tout dépendra ensuite du reste de votre personnalité et de la personne que vous aurez en face de vous, ainsi que du type de relation.

Vos influences mensuelles : Vous pourrez utiliser votre potentiel le **8**, le **17**, et le **26** de chaque mois de l'année, car ce sont des périodes qui accentuent les potentialités du 8 et favorisent l'apprentissage de cette leçon, ainsi que des leçons 2 et 6.
Chaque jour de naissance ayant des caractéristiques complémentaires, reportez-vous au jour de naissance, 8 et au 17 pour en savoir plus en complément de votre jour de naissance et vibration fondamentale 26. Prenez en compte votre défi et cadeau du jour de naissance, pendant ces périodes.

Vos influences annuelles : Vous pourrez utiliser votre potentiel du jour de naissance 26, tous les neuf jours tout au long des 365 jours qui composent une année calendaire. Prenez en compte votre défi et cadeau du jour de naissance, pendant ces périodes.

Votre mois de naissance : chacun des douze mois de l'année accentue et favorise certains aspects de la personnalité, ainsi que certaines actions et évènements pendant la période.
Gardez à l'esprit votre jour de naissance 26 pour nuancer les explications complémentaires de votre mois de naissance.

Si vous êtes né (née) le 26 janvier :

Favorise les projets et la réussite, en suivant sa sensibilité et son intuition, un peu fragile aussi, il faut rester volontaire et combatif.

Si vous êtes né (née) le 26 février :

Favorise l'intuition et la sensibilité, les partenariats, la réceptivité, l'indécision, doute et fragilité à surveiller, combativité nécessaire.

Si vous êtes né (née) le 26 mars :

Favorise la communication, l'harmonie dans les affaires, c'est créatif, il faut avancer.

Si vous êtes né (née) le 26 avril :

Favorise les aspects matérialistes et pragmatiques, parfois fragile, des restrictions possibles, des délais.

Si vous êtes né (née) le 26 mai :

Favorise l'aspect financier, évolution possible, adaptabilité, attention aux excès.

Si vous êtes né (née) le 26 juin :

Favorise certaines transactions, les responsabilités, des choix à faire, des obligations et des conflits possibles.

Si vous êtes né (née) le 26 juillet :

Favorise l'introspection et la sensibilité, accentue l'intuition, conflits possibles.

Si vous êtes né (née) le 26 aout :

Favorise l'aspect matérialiste, une certaine combativité, conflits possibles, agressivité à canaliser, lutte.

Si vous êtes né (née) le 26 septembre :

Favorise l'aspect public, une certaine sensibilité et émotions à canaliser, aspect juridique possible.

Si vous êtes né (née) le 26 octobre :

Favorise les projets et la réussite, avec une vision plus large des choses, haut et bas possible.

Si vous êtes né (née) le 26 novembre :

Favorise la réussite, si les énergies sont bien maitrisées. Canalisez les tensions et l'ego.

Si vous êtes né (née) le 26 décembre :

Favorise l'intuition et la réceptivité, des obstacles et des remises en question probables.

Le jour de naissance 27 :

- Energie yin et yang
- Elément eau
- Energie vibratoire de type fragile et lente
- Energie sensible et intuitive, émotive

Le jour de naissance 27 est influencé par le jour 9, mais aussi le jour 2, le 7 et le 20.

Une forte sensibilité émotionnelle évidente, c'est ce qui ressort en premier lieu, ce sont des énergies fragiles mais très réceptives par contre. Votre potentiel intérieur est très important, très riche, fait de sensibilité, d'intuition, de créativité, de détermination, de réflexion et d'introspection. Votre mental est très actif, parce que très analytique et enclin à la réflexion, il favorise les études, la recherche et l'enrichissement de vos connaissances, déjà bien complètes, d'ailleurs certains postes d'autorité ou d'enseignement supérieur vous irais très bien.

A moins que tout cela ne soit pas votre tasse de thé, et que vous passiez votre temps à ruminer, à ressasser inlassablement, au gré d'un moral très fluctuant et enclin à une tendance cyclotimique avérée. Relationnellement et cela quelle que soit votre tendance, ce n'est jamais vraiment simple non plus, votre approche dans ce domaine, est plutôt intérieure et assujettie à un fort émotionnel difficile à canaliser. Ici aussi on retrouve des aspects du jour de naissance 25 et aussi 29, avec une tendance irrégulière, faite d'indécision, déstabilisant ce que vous êtes, ainsi que votre entourage, un peu versatile parfois, ne vous laissez pas trop aller, c'est plus difficile pour vous de remonter ensuite. Le calme et le repos physique ou de l'esprit vous permet parfois de vous ressourcer, n'hésitez pas si vous en ressentez le besoin, un peu de recul n'a jamais fait de mal.

En tout cas, votre éminence grise vous permet et vous promet tant de possible, tant de possibilité, un potentiel dans ce domaine un peu hors du commun, pour ceux qui le possède, et surtout qui l'utilise, car c'est là, qu'est toute la différence, fondamentalement. À vous de voir ce que vous souhaitez en faire, mais sachez qu'il est là, et n'attend que votre bon vouloir. Parmi ce potentiel, se trouve bien évidemment, cette intuition et cette sensibilité très forte, ceci vous rend particulièrement réceptif ou réceptive, à tout votre monde intérieur, et aussi extérieur, capacité d'écoute globale oblige. Cette réceptivité, est active, au niveau des autres plans, plus cérébraux, plus spirituels, et vous permet d'avoir un autre niveau de conscience, si bien sur vous utilisez votre potentiel inné. N'oublions pas aussi votre potentiel humaniste, vous êtes pourvu d'un sens humanitaire, en principe du moins. Le plan mental et spirituel vous sont profitables si bien utilisés, il vous faudra pour cela bien canaliser votre émotivité, surtout en première partie de vie, elle pourrait souvent vous déstabiliser, vous démoraliser, il vous faudra aussi faire preuve de plus de mesure, dans la façon de voir les autres, la critique est facile, votre jugement aussi, personne n'est parfait, comme on le sait, restez objectif. Au-delà de ça, vous avez un potentiel créatif certain, qu'il est utile de ne pas négliger, ne gaspillez pas vos énergies en ruminations inutiles, votre mental à bien d'autre chose à faire, et vous permet de vous élever et d'évoluer autrement plus favorablement.

Le défi de votre jour de naissance :

Le défi de votre jour de naissance qui est représenté par le **5**, indique quel genre d'épreuve vous pouvez rencontrer au cours de votre existence et ce qu'il faut relever pour pouvoir avancer et vous réaliser au mieux.
Suivant le cas ce défi indique une propension à vouloir découvrir les plaisirs de la vie, à user à l'excès de votre liberté personnelle, sans modération aucune, ou tout simplement en refusant de vous adapter à toutes sorte de changement, induisant des excès et de l'instabilité.

Le cadeau de votre jour de naissance :

Le cadeau de naissance qui est représenté par le **4** vous permet de surmonter votre défi du jour de naissance, en vous apportant certaines qualités et potentialités pour vous réaliser.
Quel que soit votre défi du jour de naissance, il vous est offert la possibilité de le dépasser, en utilisant votre

capacité à construire des choses stables dans la durée, avec ordre et méthode.

Ce qu'il est conseillé de faire : Utilisez votre esprit, car il est porteur d'un fort potentiel, et vous permettra de vous réaliser favorablement.

Ce qu'il n'est pas conseillé de faire : N'utilisez pas votre esprit dans le sens négatif, car il vous entrainerait dans sa chute, occultant la réalité.

Les relations sentimentales : influence du jour 9 la aussi, beaucoup de fragilité relationnelle, des déceptions probables, et un affect à la sensibilité exacerbée qui rend une relation compliquée, tout dépendra ensuite du reste de votre personnalité et de la personne que vous aurez en face de vous, ainsi que du type de relation.

Vos influences mensuelles : Vous pourrez utiliser votre potentiel le **9**, le **18**, et le **27** de chaque mois de l'année, car ce sont des périodes qui accentuent les potentialités du 9 et favorisent l'apprentissage de cette leçon, ainsi que des leçons 2 et 7.

Chaque jour de naissance ayant des caractéristiques complémentaires, reportez-vous au jour de naissance 9 et au 18 pour en savoir plus en complément de votre jour de naissance et vibration fondamentale 27. Prenez en

compte votre défi et cadeau du jour de naissance, pendant ces périodes.

Vos influences annuelles : Vous pourrez utiliser votre potentiel du jour de naissance 27, tous les neuf jours tout au long des 365 jours qui composent une année calendaire. Prenez en compte votre défi et cadeau du jour de naissance, pendant ces périodes.

Votre mois de naissance : chacun des douze mois de l'année accentue et favorise certains aspects de la personnalité, ainsi que certaines actions et évènements pendant la période.
Gardez à l'esprit votre jour de naissance 27 pour nuancer les explications complémentaires de votre mois de naissance.

Si vous êtes né (née) le 27 janvier :

Favorise une démarche personnelle intérieure et spirituelle, des conflits possibles.

Si vous êtes né (née) le 27 février :

Favorise L'intuition et la réceptivité, les partenariats plus intérieurs, des remises en question, des doutes, hypersensibilité.

Si vous êtes né (née) le 27 mars :

Favorise une démarche créative et artistique, la communication est bonne, intuition développée, une certaine fragilité.

Si vous êtes né (née) le 27 avril :

Favorise l'évolution concrète, des délais et des restrictions, des difficultés.

Si vous êtes né (née) le 27 mai :

Favorise les changements, les déplacements, l'évolution, attention aux excès.

Si vous êtes né (née) le 27 juin :

Favorise l'harmonie intérieure, des doutes, jalousie.

Si vous êtes né (née) le 27 juillet :

Favorise une forte introspection, accentue les tendances dépressives, fortes émotions à canaliser.

Si vous êtes né (née) le 27 aout :

Favorise les aspects financiers et juridiques, attention au rapport aux autres.

Si vous êtes né (née) le 27 septembre :

Favorise l'évolution spirituelle, forte introspection, caractère difficile.

Si vous êtes né (née) le 27 octobre :

Favorise l'évolution, fin de certaines choses et renouveau possible, forte créativité.

Si vous êtes né (née) le 27 novembre :

Favorise une forte évolution spirituelle maitrisée et inspirée, ou une tendance dominatrice avérée.

Si vous êtes né (née) le 27 décembre :

Favorise une démarche intérieure importante, attention au doute, au choix à faire.

Le jour de naissance 28 :

- Energie yin
- Elément eau et terre
- Energie vibratoire combative et instable.
- Association difficile, sensibilité et combativité mélangées

Le jour de naissance 28 est influencé, par le jour 1, le jour 2, le jour 8, le 10 et le 20.

Le jour de naissance 28 possède un antagonisme certain entre le 2 et le 8, les deux vibrations étant opposées, même si elles sont toutes deux de type yin féminin.

En effet, là où le 2 est déjà dualitaire en soi, c'est en plus une vibration lente et peu dynamique, mais par contre très intuitive et très sensible. Le 8 quant à la lui est une vibration dynamique, et très combative avec peu d'affect, parfois intransigeante et sans concession, la vibration 8 est très matérialiste et concrète, contrairement au 2.

Le jour 28 est donc en partie conflictuel en lui-même et vous apporte, bien évidemment des qualités, mais aussi des leçons à apprendre. Il va falloir composer entre sensibilité et dureté, comportement parfois en dent de scie, ayant une certaine instabilité ou du moins, des fluctuations d'énergies personnelles en hausse et en baisse. Vous pourriez vous sentir par moment sans motivation et à d'autres moments plutôt combatif et déterminé. Bien canaliser ces deux vibrations peut vous être utile dans certaines situations, notamment dans la gestion de certaines affaires plus concrètes, des partenariats qui vous permettraient d'utiliser au mieux ces deux énergies, qui peuvent être dans certains cas complémentaires. D'un point de vue de votre potentiel inné et cela en fonction comme toujours du reste de votre personnalité, ce jour de naissance vous apporte certaines qualités essentielles, la capacité d'utiliser et de développer votre intuition, la capacité d'écoute et de conseils, de la sensibilité, mais aussi de la combativité, la volonté de réussir, une certaine puissance se dégage de vous, et vous permet d'avoir un pouvoir en quelque sorte guérisseur et conciliateur sur les autres. Maintenez l'équilibre autant que possible et restez mesuré dans vos actes. C'est une vibration d'expérience, vous avez passé différents cap, différentes épreuves. Le jour 28 vous apporte d'autres qualités, dans la façon de gérer certains aspects matériels de la vie, c'est une bonne vibration pour cela, mais il faut rester dans la mesure et ne pas vouloir imposer ses idées. Vous serez confronté à des périodes de haut et de bas, à des accords, mais aussi à des oppositions, libre à vous de vous positionner avec justesse et mesure pour mener à bien vos projets, et adopter un comportement équilibré, la gestion de votre équilibre est primordiale, utilisez vos potentialités à bon escient. Par ailleurs, vous pouvez faire preuve de dynamisme et d'une bonne volonté combative, pour vous affirmer comme il faut, alliant intelligence et intuition, ce qui n'est pas peu dire, cette alliance est puissante, ne la gaspillez pas à cause d'un caractère parfois impulsif, ou maquant parfois de motivation. Gardez l'équilibre, car vous pouvez être déstabilisé parfois.

Le défi de votre jour de naissance :

Le défi de votre jour de naissance qui est représenté par le **6**, indique quel genre d'épreuve vous pouvez rencontrer au cours de votre existence et ce qu'il faut relever pour pouvoir avancer et vous réaliser au mieux.
Suivant le cas ce défi indique que vous êtes enclin à un excès de responsabilité, induisant un comportement possessif, et autoritaire, intolérant et perfectionniste, ou alors vous êtes une personne trop tolérante, trop conciliante, qui accepte tout et ne sait dire non, croulant sous les obligations, parfois non souhaitées.

Le cadeau de votre jour de naissance :

Le cadeau de naissance qui est représenté par le **3** vous permet de surmonter votre défi du jour de naissance, en vous apportant certaines qualités et potentialités pour vous réaliser.
Quel que soit votre défi du jour de naissance, il vous est offert la possibilité de le dépasser, en utilisant vos capacités créatives, d'expression et de communication.

Ce qu'il est conseillé de faire : Il vous faut utiliser le potentiel de chaque vibration 2 et 8 de façon à les faire cohabiter, utiliser le meilleur des deux, et de ce que vous êtes, afin de maintenir un certain équilibre parfois précaire, votre volonté vous y aidera, écoutez votre intuition pour cela.

Ce qu'il n'est pas conseillé de faire : Evitez le laxisme, l'autoritarisme, le manque de confiance en soi qui pourrait alterner avec parfois un excès d'ego. La paresse est à éviter, ainsi que la fuite devant les contingences matérielles, l'indécision ne vous permettra pas de trancher quand cela est nécessaire, là où la vie est un combat permanent alternant entre des hauts et des bas, restez constant ou constante.

Les relations sentimentales : pas facile il faut le dire, des oppositions et des conflits d'intérêt possibles, tout dépendra ensuite du reste de votre personnalité et de la personne que vous aurez en face de vous, ainsi que du type de relation.

Vos influences mensuelles : Vous pourrez utiliser votre potentiel le **1**, le **10**, le **19** et le **28** de chaque mois de l'année, car ce sont des périodes qui accentuent les potentialités du 1 et favorisent l'apprentissage de cette leçon, ainsi que des leçons 2 et 8.

Chaque jour de naissance ayant des caractéristiques complémentaires, reportez-vous au jour de naissance, 1, 10 et 19 pour en savoir plus en complément de votre jour de naissance et vibration fondamentale 28. Prenez en compte votre défi et cadeau du jour de naissance, pendant ces périodes.

Vos influences annuelles : Vous pourrez utiliser votre potentiel du jour de naissance 1, tous les neuf jours tout au long des 365 jours qui composent une année calendaire. Prenez en compte votre défi et cadeau du jour de naissance, pendant ces périodes.

Votre mois de naissance : chacun des douze mois de l'année accentue et favorise certains aspects de la personnalité, ainsi que certaines actions et évènements pendant la période.
Gardez à l'esprit votre jour de naissance 28 pour nuancer les explications complémentaires de votre mois de naissance.

Si vous êtes né (née) le 28 janvier :

Période qui favorise l'initiative personnelle, la combativité, mais aussi l'ego, la dualité, les tensions, les conflits et les oppositions.

Si vous êtes né (née) le 28 février :

Période qui favorise les associations, mais aussi les oppositions, l'indécision, les problèmes relationnels, les conflits et la dualité.

Si vous êtes né (née) le 28 mars :

Période qui favorise la communication, les idées créatives, l'intelligence, le dynamisme, l'avancement positif dans les affaires et le commerce, canalisez vos énergies et évitez de vous disperser.

Si vous êtes né (née) le 28 avril :

Période qui favorise la structure de vie, le travail, le foyer, mais aussi les restrictions et les blocages qui sont un peu plus accentués, délais et ralentissements possibles, impulsivité.

Si vous êtes né (née) le 28 mai :

Période qui favorise le changement et la mobilité, l'expansion, mais aussi l'instabilité et des excès possibles, des rentrées ou sorties d'argent possibles suivant le cas.

Si vous êtes né (née) le 28 juin :

Période qui favorise les responsabilités, l'harmonie, mais aussi les conflits et les obligations. Les transactions immobilières ou l'aménagement du foyer.

Si vous êtes né (née) le 28 juillet :

Période qui favorise la réflexion et l'introspection, les opportunités, mais aussi l'isolement et des tensions possibles. La prise de recul est préférable afin d'éviter tous problèmes associatifs et ou matériels.

Si vous êtes né (née) le 28 aout :

Période qui favorise l'aspect financier, la réussite, mais aussi les litiges et des pertes possibles dans le domaine matériel. Prudence est mère de sureté.

Si vous êtes né (née) le 28 septembre :

Période qui favorise les activités et les contacts vers un certain public, les conflits d'autorité et les problèmes d'ego. La justice est parfois présente.

Si vous êtes né (née) le 28 octobre :

Période qui favorise les projets et la créativité avec une vision plus large, mais aussi les moments de haut et de bas, l'incertitude. Accentuation des énergies déjà citées.

Si vous êtes né (née) le 28 novembre :

Période qui favorise la maitrise de certaines énergies intérieures, l'inspiration, mais aussi de fortes tensions et oppositions. Accentuation des énergies déjà citées.

Si vous êtes né (née) le 28 décembre :

Période qui favorise la créativité, par l'utilisation de son intuition et sa sensibilité, mais aussi les erreurs. Accentuation des énergies déjà citées.

Le jour de naissance 29 :

- Energie yin et yang
- Elément eau et feu
- Energie vibratoire de type mitigé et de remise en question
- Energie hyperémotive et intuitive, inspirée et maitrisée, fortes tensions, grand potentiel réalisateur

Le jour de naissance 29 est influencé par le jour 2, le jour 9, le jour 11 et le 20.

Que de sensibilité ici aussi, et d'émotion souvent difficiles à canaliser, mais au-delà de ça, il apparait un très grand potentiel individuel, qui ne demande qu'à être utilisé.

Le jour 29 apporte son lot d'énergies vibratoires très particulières, induit par l'association du 2 et du 9 et l'influence du 11. Que de remises en question et de questionnements fréquents, qui déstabilisent votre être et vos prises de décisions. Ce réservoir de sensibilité émotionnelle exacerbé met à votre disposition, des énergies créatives évidentes. C'est le rapport aux autres et universel qui est mis en évidence ici, le relationnel est souvent difficile à gérer, mais vous avez toutes les clés en mains pour y arriver, grâce justement à cette sensibilité et cette intuition déjà très développées qui vous caractérise. Votre sensibilité en prend souvent un coup, et vos émotions ont tendance à vous submerger, et vous déstabiliser. Tout comme avec le jour de naissance 11, vous avez cette capacité de maitrise intérieure de vos émotions, qui n'attend plus que vous utilisiez ce potentiel, à l'aide de votre inspiration intuitive, vous allez donc pouvoir réaliser vos aspirations profondes et vos idéaux. Ne tombez surtout pas en dépression, croyez en vous et en votre potentiel créatif inné, pas simple parfois, je sais bien, le moral à tendance à fluctuer, entre tensions émotionnelles, tensions nerveuses et volonté d'avancer. Sortez de votre bulle d'illusion, l'illusion d'une réalité qui n'en est pas une, et confrontez vos désirs à la réalité. Il y a parfois de l'incompréhension de la part des autres à votre égard, vous n'êtes pas perçu comme vous êtes réellement, mais la façon de vous positionner n'est-elle pas parfois un peu ambigüe, soyez honnête envers vous-même et les autres. Ressaisissez-vous et allez de l'avant en ayant confiance en vous, car elle vous fait parfois défaut. Ne soyez pas trop non plus en recherche de reconnaissance, et modérez votre tendance humaniste. En conclusion vous n'êtes paradoxalement pas dépourvu d'un ego parfois trop présent. Là aussi, trop gentil, trop couillon, n'attendez pas trop des autres, et ne donnez pas trop non plus, n'essayez pas non plus de faire comme les autres, cela ne vous apportera rien de bon, restez vous-même, c'est tellement mieux d'être soi-même. Vous êtes unique en votre genre, être différent des autres, cela permet de s'individualiser plus facilement, de se réaliser autrement et plus en conformité avec qui vous êtes. Tout cela vous évitera de nombreuses déceptions venant du monde extérieur et des autres personnes, qui n'ont souvent que faire de vos états d'âmes, l'être humain est égoïste, très égoïste, mais vous le savez déjà.

Utilisez vos capacités intuitives, conciliatrices et de leadership, en évitant de tomber dans certains pièges, dépression, paradis artificiel…certaines limites à ne pas dépasser, utilisez votre immense potentiel de réalisation en maitrisant vos énergies personnelles.

Le défi de votre jour de naissance :

Le défi de votre jour de naissance qui est représenté par le **7**, indique quel genre d'épreuve vous pouvez rencontrer au cours de votre existence et ce qu'il faut relever pour pouvoir avancer et vous réaliser au mieux.

Suivant le cas ce défi indique une tendance à l'isolement intérieur, avec une certaine difficulté à exprimer les choses et ses sentiments, ou à vouloir s'enfermer dans sa tour d'ivoire, avec une apparente humilité, qui cache en réalité, parfois un ego démesuré, de l'égoïsme et du perfectionniste, un sens critique, il est nécessaire de s'ouvrir à la compréhension de soi et des autres.

Le cadeau de votre jour de naissance :

Le cadeau de naissance qui est représenté par le **2** vous permet de surmonter votre défi du jour de naissance, en vous apportant certaines qualités et potentialités pour vous réaliser.
Quel que soit votre défi du jour de naissance, il vous est offert la possibilité de le dépasser, en utilisant votre intuition et votre réceptivité, et certaines de vos capacités mentales, d'écoute et de compréhension.

Ce qu'il est conseillé de faire : utilisez votre énorme potentiel de sensibilité émotionnelle au service d'une créativité qui est loin de vous faire défaut, à partir de là vous allez pouvoir réaliser vos aspirations profondes. Ne recherchez pas trop la reconnaissance vous n'en avez pas tant besoin que cela, au vue de vos qualités, qui peuvent faire pâlir d'envie les autres, maitrisez vos énergies.

Ce qu'il n'est pas conseillé de faire : ne soyez pas trop dépendant, et même parfois trop désinvolte, avec une tendance au sacrifice, votre sensibilité vous joue des tours, canalisez aussi votre ego, car il montre par moment le bout de son nez.

Les relations sentimentales : trop de sensibilité et d'émotivité à canaliser, c'est ce qui peut rendre difficile toutes relations, mais bien maitrisées, cela évitera déceptions et remises en question fréquentes, dans ce cas-là l'entente sera favorisée, tout dépendra ensuite du reste de votre personnalité et de la personne que vous aurez en face de vous, ainsi que du type de relation.

Vos influences mensuelles : Vous pourrez utiliser votre potentiel le **2**, le **11**, le **20** et le **29** de chaque mois de l'année, car ce sont des périodes qui accentuent les potentialités du 2 et favorisent l'apprentissage de cette leçon, ainsi que de la leçon 9.
Chaque jour de naissance ayant des caractéristiques complémentaires, reportez-vous au jour de naissance, 2, 11, et 20 pour en savoir plus en complément de votre jour de naissance et vibration fondamentale 29. Prenez en compte votre défi et cadeau du jour de naissance, pendant ces périodes.

Vos influences annuelles : Vous pourrez utiliser votre potentiel du jour de naissance 29, tous les neuf jours tout au long des 365 jours qui composent une année calendaire. Prenez en compte votre défi et cadeau du jour de naissance, pendant ces périodes.

Votre mois de naissance : chacun des douze mois de l'année accentue et favorise certains aspects de la personnalité, ainsi que certaines actions et évènements pendant la période.

Gardez à l'esprit votre jour de naissance 29 pour nuancer les explications complémentaires de votre mois de naissance.

Si vous êtes né (née) le 29 janvier :

Favorise l'initiative personnelle maitrisée et inspirée, les projets, mais aussi l'ego et les tensions en général.

Si vous êtes né (née) le 29 février :

Favorise les partenariats à un niveau plus élevé, mais aussi des remises en question et des oppositions.

Si vous êtes né (née) le 29 mars :

Favorise une démarche créative importante certaine, énergies à canaliser, évitez les excès.

Si vous êtes né (née) le 29 avril :

Favorise les aspects plus concrets, avancement possible, difficultés à prévoir, ego à canaliser.

Si vous êtes né (née) le 29 mai :

Favorise les changements à tout niveau, une certaine expansion, beaucoup d'énergie à canaliser, excès probable.

Si vous êtes né (née) le 29 juin :

Favorise l'harmonie, mais elle doit être recherchée à tout prix, émotionnel puissant à canaliser.

Si vous êtes né (née) le 29 juillet :

Favorise l'évolution spirituelle ou du moins sur le plan mental, forte introspection à canaliser, ainsi que l'ego.

Si vous êtes né (née) le 29 aout :

Favorise la réussite et l'ambition, fortes tensions à canaliser, ego puissant, tendances explosives.

Si vous êtes né (née) le 29 septembre :

Favorise l'évolution spirituelle élevée, de fortes tensions émotionnelles à canaliser, ego surdimensionné parfois, irréalisme si non maitrisé.

Si vous êtes né (née) le 29 octobre :

Favorise les projets, les changements, un nouveau cycle, ego à surveiller.

Si vous êtes né (née) le 29 novembre :

Favorise la maitrise et l'évolution spirituelle, forte tension à canaliser, des conflits et oppositions, explosif.

Si vous êtes né (née) le 29 décembre :

Favorise certaines prises de conscience, la créativité, des remises en question profondes.

Le jour de naissance 30

- Energie yang
- Elément feu
- Energie vibratoire de type forte, dynamique et ouverte
- Energie à fort potentiel créatif et expressif

Le jour de naissance 30 est influencé en grande partie par le jour 3. Les caractéristiques du 3 sont accentué et surboosté en quelque sorte, et apporte à celui ou celle qui est né un 30, beaucoup d'énergie et de dynamisme, surtout si votre personnalité est déjà assez dynamique par ailleurs. Les qualités de créativité sont mises bien en évidence, et comme je l'ai déjà dit, permettent de s'exprimer avec une vision plus élevée encore, le potentiel est ici très important, il serait dommage de le gaspiller ou de passer à côté. Il est aussi nécessaire de canaliser vos énergies personnelles, afin d'éviter toute dispersion, car si le potentiel créatif est très important, le risque de dispersion existe bel et bien, surtout en première partie de vie. Oui vous pouvez réaliser de grandes choses, par la projection de votre propre image et de votre créativité sur les autres et le monde qui vous entoure, mais attention à l'ego qui pourrait par moment prendre le dessus. N'oubliez pas, que le paraître, n'est que superficialité, ce qui est important c'est votre créateur intérieur qu'il faut mettre en évidence. Vous exprimez n'est apparemment pas un problème, sauf dans certains cas de figure, le potentiel créateur que vous avez à votre disposition, n'est pas donné à tout le monde, utilisez le et surtout à bon escient. Dynamisme et vitalité caractérisent ce jour de naissance, et vous apporte donc une capacité à communiquer assez importante, qui peut vous aider sensiblement dans certaines activités, le relationnel n'a plus de secret pour vous, mais n'oubliez pas une chose, c'est que vous n'êtes pas seul ou seule à vouloir ou pouvoir vous exprimez, laissez de la place aux autres, afin qu'il puisse y avoir un réel échange, ne monopolisez pas l'assistance en permanence, vous pourriez passer pour une personne excessive et qui a réponse à tout. Soyez donc à l'écoute des personnes qui vous entourent, ce qui vous permettra d'être à votre place réelle, que ce soit dans la société et en tant que personne accomplie. Une forte sensibilité intérieure vous anime, qui ne demande qu'à s'exprimer, c'est pour cela que vous vous dispersez parfois, il y a des tas de moyens pour utiliser cette sensibilité, encore une fois par l'intermédiaire de votre potentiel de créativité qui vous propose de larges horizons. Amis, relations, contacts riches, tout ceci est votre moteur principal, la façon de vous réaliser, de créer votre vie, vous feriez un très bon commerçant ou commercial, ou dans toutes activités qui nécessitent un tel potentiel d'expression, écrivain pourquoi pas, clown, le choix est très large en fin de compte. Quand vous avez quelque chose à dire, pas de soucis, vous le dites, haut et fort, même si parfois cela ne plaît pas toujours, mais faut-il tout dire en fin de compte, à vous de voir, les gens comme vous, ne peuvent garder pour eux, ce qu'ils ont au fond du cœur, quoi qu'il en coûte, alors écrivez, parlez, et chantez comme bon vous semblera.

Le défi de votre jour de naissance :

Votre défi de votre jour de naissance qui est représenté par le **8**, indique quel genre d'épreuve vous pouvez rencontrer au cours de votre existence et ce qu'il faut relever pour pouvoir avancer et vous réaliser au mieux. Suivant le cas ce défi indique que vous êtes attiré par les aspects matériels de la vie, les gains, l'ambition, la réussite, en utilisant votre pouvoir personnel à des fins d'acquisitions matérielles uniquement, en faisant preuve d'une volonté combative excessive, ou à refuser tous ces aspects la, il vous faudra faire preuve d'équilibre et de juste mesure pour pouvoir vous réaliser.

Le cadeau de votre jour de naissance :

Le cadeau de naissance qui est représenté par le **1** vous permet de surmonter votre défi du jour de naissance, en vous apportant certaines qualités et potentialités pour vous réaliser.
Quel que soit votre défi du jour de naissance, il vous est offert la possibilité de le dépasser, en utilisant votre capacité à vous individualiser, votre volonté et votre détermination, et cela en vous affirmant en ayant une confiance indéfectible en vos capacités et vos qualités de créateur de votre propre vie, votre intelligence est une alliée non négligeable.

Ce qu'il est conseillé de faire : communiquez et exprimez-vous, échangez et partagez, réalisez-vous par l'intermédiaire de cette énergie créative qui vous habite et restez à l'écoute de tout ce qui vous entoure.

Ce qu'il n'est pas conseillé de faire : Evitez de vous disperser, de parler à tort et travers, d'être trop superficiel ou superficielle, soyez sincère dans vos propos et pas trop critique envers les autres, soignez votre ego.

Les relations sentimentales : c'est une vibration qui peut amener l'harmonie, la joie et l'enthousiasme dans une relation, attention à ne pas vous disperser ou à papillonner, c'est un risque, tout dépendra ensuite du reste de votre personnalité et de la personne que vous aurez en face de vous, ainsi que du type de relation.

Vos influences mensuelles : Vous pourrez utiliser votre potentiel le **3**, le **12**, le **21** et le **30** de chaque mois de l'année, car ce sont des périodes qui accentuent les potentialités du 3 et favorisent l'apprentissage de cette leçon.
Chaque jour de naissance ayant des caractéristiques complémentaires, reportez-vous au jour de naissance, 3, 12 et 21 pour en savoir plus en complément de votre jour de naissance et vibration fondamentale 30. Prenez en compte votre défi et cadeau du jour de naissance, pendant ces périodes.

Vos influences annuelles : Vous pourrez utiliser votre potentiel du jour de naissance 30, tous les neuf jours tout au long des 365 jours qui composent une année calendaire. Prenez en compte votre défi et cadeau du jour de naissance, pendant ces périodes.

Votre mois de naissance : chacun des douze mois de l'année accentue et favorise certains aspects de la personnalité, ainsi que certaines actions et évènements pendant la période.
Gardez à l'esprit votre jour de naissance 30 pour nuancer les explications complémentaires de votre mois de naissance.

Si vous êtes né (née) le 30 janvier :

Favorise une grande créativité, le développement de l'intelligence, la capacité à régler les problèmes et à éclaircir les zones obscures, fortes énergies à canaliser, ainsi que l'ego.

Si vous êtes né (née) le 30 février :

Favorise une grande intuition, l'harmonie en général, la réceptivité, parfois un peu fragile.

Si vous êtes né (née) le 30 mars :

Favorise la créativité et l'expression sous toutes ses formes, trop d'énergie en présence à canaliser.

Si vous êtes né (née) le 30 avril :

Favorise la créativité sur le plan concret, les réalisations, parfois ouverture des énergies ou blocages intermittents.

Si vous êtes né (née) le 30 mai :

Favorise la créativité, les actions sociales, l'expansion sous toutes ses formes, beaucoup d'énergies à canaliser, excès à éviter.

Si vous êtes né (née) le 30 juin :

Favorise la créativité et le domaine artistique en général, la sensibilité, beaucoup d'émotion à canaliser.

Si vous êtes né (née) le 30 juillet :

Favorise la créativité et le mental, les écrits, les amitiés, c'est équilibré en général.

Si vous êtes né (née) le 30 aout :

Favorise certaines affaires, le commerce, beaucoup d'énergies à canaliser, impulsivité, agressivité parfois, ego à surveiller, attention aux excès.

Si vous êtes né (née) le 30 septembre :

Favorise la créativité, les émotions, la sensibilité, canalisez les énergies en trop là aussi comme toujours.

Si vous êtes né (née) le 30 octobre :

Favorise une grande créativité, le développement de l'intelligence, la capacité à régler les problèmes et à éclaircir les zones obscures, fortes énergies à canaliser, ainsi que l'ego. Nouveau cycle.

Si vous êtes né (née) le 30 novembre :

Favorise les projets créatifs, dynamise l'esprit et la maitrise en général, forte tension possible, ego à canaliser.

Si vous êtes né (née) le 30 décembre :

Favorise la créativité, une certaine instabilité, dispersion d'énergies aussi, des remises en question.

Le jour de naissance 31 :

- Energie yang
- Elément feu
- Energie vibratoire de type dynamique et affirmé
- Energie à forte créativité, volontaire et constructive

Le jour de naissance 31 à comme influence le jour 4, 1, 3 et 30.

On retrouve donc concrètement certaines caractéristiques du jour 13, avec toutefois quelques différences, car les énergies sont inversées.

Le jour 31 vous apporte lui aussi un potentiel créateur non négligeable, propulsé par une volonté farouche de réussir par vous-même et avec détermination. L'ouverture est moindre par rapport au jour 13, mais le potentiel de réalisation est bien là. Votre esprit est un peu plus entêté, mais peut-être plus déterminé encore, quelle que soit l'action que vous mènerez, vous pourrez rencontrer quelques oppositions et quelques blocages induits par un comportement parfois trop impulsif, manquant d'idée nouvelle, trop entêté et obstiné. Ici aussi il est nécessaire de laisser de côté certains schémas prédéterminés et d'aller de l'avant, mettez votre potentiel créateur au service d'une structure bien établie, d'un mental bien structuré. Votre potentiel est fait d'une importante énergie créative, avec une forte capacité de réalisation personnelle, et la capacité à structurer les choses de la vie. Tout cela fait de vous une personne, fiable et déterminée, ayant tout de même la capacité à ouvrir votre esprit, les caractéristiques du jour 4 sont ici beaucoup plus créatives et vous offre un autre type de potentiel individuel. Une intelligence pratique, ayant conscience de la nécessité à devoir construire des choses solides et durables dans le temps, que ce soit dans le domaine relationnel et matériel, construire en étant plus créatif, plus réalisateur. Au-delà de votre détermination et parfois d'un certain entêtement, vous pouvez êtes assez communicatif, de manière à faire passer vos idées, non pas par la force et la dureté, mais avec une autorité modérée, mais reconnue. Tout cela reste très dynamique et parfois impulsif, modérez vos actions, canalisez vos énergies personnelles, afin d'éviter des risques d'éparpillements. Créativité et sensibilité font aussi parties de votre potentiel, parfois occulté, l'intuition est là, mais il faut la développer un peu plus, en corrélation avec votre sensibilité qui est aussi présente.

Votre potentiel est fait de discipline, de volonté, de persévérance, d'un esprit vif et aiguisé, réussir est tout à fait possible, vous en avez les moyens.

Le jour de naissance 31 vous apporte des potentialités quasi inégalées, vous permettant de gérer et d'encadrer n'importe quel type de structure dans beaucoup de domaine. Socialement vous êtes une personne que l'on recherche de part ses qualités, pour votre ouverture d'esprit, votre intelligence et la capacité à fédérer et à vous entourer, communicatif vous pouvez l'être, parfois agité et dans tous les sens, attention, à ne pas vous dispersez, à en faire trop. Votre égo aurait-il parfois tendance à gonfler, cela peut arriver, fier vous pouvez l'être parfois, attention aux excès comme toujours. Utilisez votre potentiel pour vous réaliser.

Le défi de votre jour de naissance :

Le défi de votre jour de naissance qui est représenté par le **2**, indique quel genre d'épreuve vous pouvez rencontrer au cours de votre existence et ce qu'il faut relever pour pouvoir avancer et vous réaliser au mieux.
Suivant le cas ce défi indique que vous êtes trop prudent dans vos associations ou dans l'union, très exigeant, trop dépendant des autres ou trop soumis, tout ce qui a trait à la collaboration, vous pose problème, que ce soit en vous impliquant un peu trop ou en fuyant la notion de collaboration en général.

Le cadeau de votre jour de naissance :

Le cadeau de naissance qui est représenté par le **7** vous permet de surmonter votre défi du jour de naissance, en vous apportant certaines qualités et potentialités pour vous réaliser.
Quel que soit votre défi du jour de naissance, il vous est offert la possibilité de le dépasser, en utilisant

l'enrichissement personnel par la recherche de connaissance.

Ce qu'il est conseillé de faire : volonté, détermination et potentiel créateur sont les moteurs sur lequel vous allez pouvoir vous appuyer pour avancer concrètement dans la vie.

Ce qu'il n'est pas conseillé de faire : évitez encore une fois, d'être trop autoritaire, trop entêté, trop intransigeant et impulsif, canalisez vos énergies personnelles.

Les relations sentimentales : attention, car l'ego peut dominer la relation, l'entente est bien sur possible, et peut apporter stabilité et dynamisme dans le temps, ce qui permet d'éviter la routine, tout dépendra ensuite du reste de votre personnalité et de la personne que vous aurez en face de vous, ainsi que du type de relation.

Vos influences mensuelles : Vous pourrez utiliser votre potentiel le **4**, le **13**, le **22** et le **31** de chaque mois de l'année, car ce sont des périodes qui accentuent les potentialités du 4 et favorisent l'apprentissage de cette leçon, ainsi que des leçons 1 et 3.
Chaque jour de naissance ayant des caractéristiques complémentaires, reportez-vous au jour de naissance 4, au 13, et au 22 pour en savoir plus en complément de votre jour de naissance et vibration fondamentale 31.

Prenez en compte votre défi et cadeau du jour de naissance, pendant ces périodes.

Vos influences annuelles : Vous pourrez utiliser votre potentiel du jour de naissance 31, tous les neuf jours tout au long des 365 jours qui composent une année calendaire. Prenez en compte votre défi et cadeau du jour de naissance, pendant ces périodes.

Votre mois de naissance : chacun des douze mois de l'année accentue et favorise certains aspects de la personnalité, ainsi que certaines actions et évènements pendant la période.
Gardez à l'esprit votre jour de naissance 31 pour nuancer les explications complémentaires de votre mois de naissance.

Si vous êtes né (née) le 31 janvier :

Favorise les projets créatifs, l'agitation et la dispersion d'énergie, l'affirmation et la confiance en soi.

Si vous êtes né (née) le 31 février :

Favorise les partenariats, la créativité, les énergies sont complémentaires et permettent une bonne évolution en général.

Si vous êtes né (née) le 31 mars :

Favorise la créativité, la communication, la dispersion d'énergie.

Si vous êtes né (née) le 31 avril :

Favorise l'expression de votre plein potentiel, si bien équilibré, conflits possibles.

Si vous êtes né (née) le 31 mai :

Favorise la progression, l'avancement, c'est très dynamique et impulsif.

Si vous êtes né (née) le 31 juin :

Favorise une certaine stabilité, consolide la structure en restant créatif, parfois conflits.

Si vous êtes né (née) le 31 juillet :

Favorise tout ce qui est constructif dans le temps, la créativité est importante, conflits et oppositions possibles.

Si vous êtes né (née) le 31 aout :

Favorise les aspects matériels, des restrictions et des blocages possibles, des tensions.

Si vous êtes né (née) le 31 septembre :

Favorise les réalisations vers un public, des tensions et des difficultés possibles.

Si vous êtes né (née) le 31 octobre :

Favorise la nouveauté, la créativité, une certaine instabilité aussi.

Si vous êtes né (née) le 31 novembre :

Favorise la maitrise de certaines réalisations, mais aussi des oppositions et des conflits.

Si vous êtes né (née) le 31 décembre :

Favorise les réalisations, la créativité, des blocages probables par intermittence.

Les différentes leçons et potentiels mis à votre disposition :

Le potentiel de réalisation du 1 : l'avancement personnel par l'action individuelle.

Ce potentiel vous propose d'utiliser votre capacité de leadership, d'autorité et d'action individuelle, de vous individualiser, la capacité de vous réaliser par vous-même, par votre propre volonté et votre détermination, en gardant confiance en vous, par l'autonomie et l'indépendance, la créativité et l'intelligence, l'audace.

Le potentiel de réalisation du 2 : l'avancement personnel par la notion de collaboration et d'union.
Ce potentiel vous propose d'utiliser votre capacité de collaboration, de coopération et d'union, d'écoute, d'intuition, de diplomatie, de compréhension et d'aide, l'utilisation de votre sensibilité et de votre réceptivité, par la connaissance.

Le potentiel de réalisation du 3 : l'avancement personnel par la notion de communication, d'expression personnelle et de créativité.
Ce potentiel vous propose d'utiliser votre capacité de sociabilité et de communication, de vous exprimer de quelque façon que ce soit, par votre sens du relationnel, par votre créativité, votre enthousiasme communicatif,

votre sensibilité et votre capacité à éclaircir les zones d'ombres.

Le potentiel de réalisation du 4 : l'avancement personnel par la notion de travail, au sein du foyer et de la structure de vie. Ce potentiel vous propose d'utiliser votre capacité d'agir concrètement avec ordre et méthode, votre sens de l'organisation, le sens du devoir et de la rigueur, par votre volonté, opiniâtreté, votre patience et persévérance, par la stabilité dans le temps et votre fiabilité, par le travail.

Le potentiel de réalisation du 5 : l'avancement personnel par la notion de liberté personnelle et du libre arbitre.
Ce potentiel vous propose d'utiliser votre capacité de mobilité et de liberté personnelle, votre capacité de changer et de bouger, de vous adapter, d'être sociable, par la recherche et la découverte de nouveaux horizons, par votre esprit aiguisé et votre capacité à progresser.

Le potentiel de réalisation du 6 : l'avancement personnel par les notions de d'harmonie et de responsabilité.
Ce potentiel vous propose d'utiliser votre capacité d'harmonie et d'équilibre, de douceur, votre capacité de conciliation et de compréhension, votre sens des

responsabilités, votre sensibilité artistique, et de soignant, votre capacité à maintenir l'harmonie quel que soit le domaine concerné, à sécuriser.

Le potentiel de réalisation du 7 : l'avancement personnel par les notions de développement de la foi et de la vie intérieure.
Ce potentiel vous propose d'utiliser votre capacité intérieure, votre capacité d'analyse et de réflexion, d'indépendance, de créativité, de recherche, d'introspection, le développement de votre foi intérieure, votre capacité à prendre du recul, de la sagesse et de la discipline intérieure.

Le potentiel de réalisation du 8 : l'avancement personnel par les notions de pouvoir et d'équilibre.
Ce potentiel vous propose d'utiliser votre capacité à vous assumer sur le plan matériel, à utiliser votre pouvoir personnel à des fins de réussite, votre courage et votre volonté combative, l'énergie, le désir d'entreprendre, et l'ambition, votre sens des affaires, votre capacité à maintenir l'équilibre en toutes choses et à mesurer vos actes.

Le potentiel de réalisation du 9 : l'avancement personnel par les notions d'humanisme et la gestion de ces émotions.

Ce potentiel vous propose d'utiliser votre capacité à vous intéresser à autrui, votre idéal, votre intuition, votre compassion, votre sensibilité humaine, votre émotivité, votre capacité de dévouement, vos capacités mentales et psychiques.

Le potentiel de réalisation du 11 : l'avancement personnel par les notions de maitrise, d'inspiration et de force intérieure.

Ce potentiel vous propose d'utiliser votre capacité intuitive et d'inspiration, de maitrise intérieure, votre ambition mesurée, votre autorité et votre leadership, votre volonté combative, a vous élever spirituellement.

Le potentiel de réalisation du 22 : l'avancement personnel par la notion de réalisation importante et solide dans le temps.

Ce potentiel vous propose d'utiliser votre capacité de persévérance et de constance, de construire des choses solides et durables dans le temps, de vous réaliser pleinement et concrètement, à grande échelle si nécessaire, tel un monument inébranlable et pérenne, à transformer ce qui doit l'être quand cela est nécessaire.

Le potentiel des douze mois de naissance et des mois de l'année en général :

Le mois de janvier : favorise la volonté, l'indépendance, la détermination, la vitalité et l'esprit d'initiative pour ceux qui n'en ont pas ou peu et accentue ces caractéristiques pour ceux qui les ont déjà. Favorise l'ego, évitez les excès.

Le mois de janvier favorise les nouvelles choses, un nouveau départ, un nouveau projet, construire ou reconstruire sur de nouvelles bases plus saines et bien d'autres choses encore.

Le mois de février : favorise les associations et l'union, développe l'intuition et la sensibilité pour ceux qui en ont besoin et l'accentue pour les autres, il faut éviter la dépendance, l'impatience et les tendances dépressives.

Le mois de février favorise tout ce qui touche aux associations et à l'union, à titre personnel et dans un cercle beaucoup large, à la réceptivité et aux biens personnels aussi.

Le mois de mars : favorise la créativité, la communication, l'expression, la vitalité, aiguise l'esprit, pour ceux qui en ont besoin et l'accentue pour les autres, évitez de vous disperser et de brasser du vent, canalisez votre impulsivité et votre égoïsme pour certains.

Le mois de mars favorise la communication et l'expression sous tous rapports, et ce, quel que soit le domaine concerné, le relationnel et les contacts sont au centre de cette période.

Le mois d'avril : favorise tout ce qui est en rapport avec les cadres et le travail, la structure de vie, la stabilité, la persévérance et la rigueur, l'organisation, pour ceux qui en ont besoin et l'accentue pour les autres, éviter l'intransigeance, ouvrez un peu plus votre esprit, ne soyez pas trop rigide et obstiné pour certains.

Le mois d'avril favorise les aspects concrets de la vie, la structure de vie, le travail, le foyer, le passé et les administrations. C'est un peu plus restrictif en général, tout dépend de la tendance générale bien sûr.

Le mois de mai : favorise l'expansion, l'évolution en général, l'adaptabilité, les changements pour ceux qui en ont besoin et l'accentue pour les autres, gérez bien votre liberté personnelle et votre capacité à vous adapter, évitez les excès et l'instabilité, impulsivité pour certains.

Le mois de mai favorise les changements, le mouvement, l'évolution en général, tout dépend comme toujours des tendances générales.

Le mois de juin : favorise l'harmonie et les responsabilités, l'amour, la famille, pour ceux qui en ont besoin et l'accentue pour les autres, restez adaptable et responsable, évitez de fuir les obligations, et les contraintes pour certains.

Le mois de juin favorise tout ce qui touche aux responsabilités dans tous les domaines, les obligations, mais aussi les sentiments, la famille, le foyer entre autre chose.

Le mois de juillet : favorise l'introspection, la réflexion et la recherche en général pour ceux qui en ont besoin et l'accentue pour les autres, évitez de ruminer, de vous laisser aller, ne vous enfermez pas dans votre tour d'ivoire, gérez votre ego pour certains.

Le mois de juillet favorise le mental et tout ce qui s'y rattache, l'introspection, les études, c'est une période de temps et de patience.

Le mois d'aout : favorise la réussite, la volonté combative, la détermination, la recherche d'équilibre, pour ceux qui en ont besoin et l'accentue pour les autres, évitez de gaspiller et de mal utiliser votre pouvoir personnel, évitez la violence et l'agressivité pour certains.

Le mois d'aout favorise les aspects concret de la vie, c'est dynamique et combatif, les finances, la notion d'équilibre, de pouvoir et de mesure à maintenir.

Le mois de septembre : favorise le rapport universel, le public dans le sens large du terme, tout ce qui est en rapport avec l'humain et l'humanité, c'est aussi la fin et/ou l'aboutissement de certaines choses, les voyages et les déplacements physiques et spirituels pour ceux qui en ont besoin et l'accentue pour les autres, évitez l'égoïsme, la jalousie, le désintérêt total pour certains.

Le mois de septembre favorise tout ce qui touche à l'extérieur, c'est une notion universelle, liée à certains publics et aux émotions.

Le mois d'octobre : le mois d'octobre est comme le mois de janvier, mais encore plus accentué, plus réalisateur et plus créatif encore, la vision des choses est plus large et différente, liée aux passages des différentes périodes de l'année, égo à canaliser, tendances fluctuantes à surveiller, nouvelles perspectives.

Le mois d'octobre favorise tout ce qui touche au renouveau, aux nouvelles choses, c'est comme un nouveau cycle qui propose de repartir sur de nouvelles bases plus saines.

Le mois de novembre : favorise la maitrise des choses, l'inspiration intérieure, le développement de l'intuition et la réussite des projets, pour ceux qui en ont besoin, et l'accentue pour les autres, évitez les tendances dominatrices, l'égoïsme, l'agressivité ou la dépression pour certains.

Le mois de novembre favorise les projets et la maitrise des choses, c'est comme un mois de janvier surboosté et un mois d'octobre encore plus fort, l'ensemble n'est pas simple à gérer.

Le mois de décembre : Le mois de décembre est un amalgame, un mélange du mois de janvier, du mois de février et du mois de mars, il contient toutes ces énergies en une seule et même période, il fait la passerelle entre chaque changement d'années.

Le mois de décembre favorise tout ce qui est possible, sur les mois de janvier, février et mars, avec une approche parfois plus restrictive, c'est un mois transitoire, qui permet de passer à autres chose, et d'essayer de ne pas refaire les mêmes erreurs de chemin.

Pour me contacter :

www.numerologueconseils.com

Vous y trouverez mes pages de consultations, mes livres, mais aussi de nombreux articles gratuits sur la numérologie et sur d'autres domaines.

Printed in France by Amazon
Brétigny-sur-Orge, FR

18291761R00161